МИХАЕЛ ЛАЙТМАН

ВИНАГИ С МЕН

/ЗА МОЯ УЧИТЕЛ РАБАШ/

МЕЖДУНАРОДНА
АКАДЕМИЯ
ПО КАБАЛА

2025

Михаел Лайтман. – Laitman Kabbalah Publishers, 2025. – 216 с.

Laitman, Michael
ALWAYS WITH ME. ABOUT MY TEACHERS RABASH/ Michael
Laitman – Laitman Kabbalah Publishers, 2025. – 224 pages.
Printed in Israel.

ISBN 978-1-77228-197-2

РАБАШ – най-големият син и ученик на Баал Сулам, продължил делото на своя велик баща. Той е последният във веригата велики кабалисти от Адам до наши дни. В своите трудове РАБАШ е дал подробно описание на етапите на духовния път на човека.

Михаел Лайтман (философия PhD, биокибернетика MSc) е световно известен учен-изследовател в областта на автентичната кабала, ученик на РАБАШ, основател и ръководител на Международната академия по кабала "Бней Барух" – независима, нестопанска организация, занимаваща се с научна и просветителска дейност в областта на науката кабала.

М. Лайтман е автор на повече от 70 книги, преведени на 40 езика, представляващи задълбочени коментари към автентични кабалистични източници.

Copyright [c] 2025 by Laitman Kabbalah Publishers
1057 Steeles Avenue West, Suite 532
Toronto, ON M2R 3X1, Canada
All rights reserved

СЪДЪРЖАНИЕ:

/ГЛАВНИЯТ ВЪПРОС НА ЖИВОТА/ 10
/ОПИРАТ ТЕ ДО СТЕНАТА/ 16
/АНГЕЛ НА СВЕТОФАРА/ 18
/ВИСШИЯТ СЦЕНАРИЙ/ 19
/НЕ ИСКАМ ДА ОТИДА/ 21
/ДАДОХА МИ ШАНС/ 22
/ШОК/ 26
/НАМЕРИХ И НЯМА ДА ГО ИЗПУСНА/ 29
/ХИЛЕЛ СЕ ВДЪХНОВЯВА/ 29
/РАБАШ ИСКА ДА ГОВОРИ С ТЕБ/ 31
/ТОЙ МЕ Е ОСТАВИЛ?/ 34
/ПОСЯТО СЪМНЕНИЕ/ 35
/„ХИТРИТЕ" КАБАЛИСТИ/ 36
/ТАКА ЗАПОЧНАХ ДА ЖИВЕЯ/ 37
/В ОЧАКВАНЕ НА ЧУДО/ 38
/РАБАШ Е ИЗПЛАШЕН/ 39
/УГОВОРИХ ГО!/ 40
/КЪМ СЪРЦЕТО/ 42
/СЛУЧАЙНОСТИ НЯМА/ 42

/МЕЖДУ ХИЛЕЛ И РАБАШ/ 45
/СИСТЕМАТА НА РАБАШ/ 46
/СЪСТОЯНИЯ/ 48
/РАБАШ РЪКОВОДИ/ 49
/ДА СЕ ДЪРЖИШ С НОКТИ И ЗЪБИ/ 51
/МОИТЕ СТРАХОВЕ/ 53
/ВСИЧКО ЕДВА ЗАПОЧВА/ 54
/НАПИСАНОТО ОТ БАЩАТА/ 56
/"ОТПРЕД И ОТЗАД ТИ МЕ ОБГРЪЩАШ"/ 58
/ТВЪРД ГРАФИК/ 60
/ПАДЕНИЯ/ 63
/"ШАМАТИ" - "ЧУТО"/ 66
/"ТЕ НЯМАТ ЛЯВА ЛИНИЯ"/ 69
/ТЕ НЯМА ДА ЧУЯТ/ 72
/МОЛИТВА/ 74
/ВЪЛШЕБНАТА КНИГА/ 75
/ВСИЧКО ТОВА Е ЗА МЕН/ 77
/ЕТО КАКВО ЩЕ РАЗБЕРА ЗА СЕБЕ СИ…/ 81
/НИЕ СМЕ ГРУПА/ 83
/ПЕСАХ СПОРЕД РАБАШ/ 86
/КАФЕЕНОТО ЗЪРНО/ 88

/КОЛКО ТЕЖКО МИ БЕШЕ!/ 91
/„НИЩОЖНОСТТА" НА КАБАЛИСТА/ 94
/ТОЙ МИ ОТНЕМА СИЛИТЕ/ 95
/ЗАЩО НЕ СИ МОЛИЛ?!/ 97
/РАБАШ И КОЦК/ 98
/ТИШИНА/ 99
/ПРЕДИ ПРОБИВА/ 102
/НИЕ СМЕ ОЩЕ ПО-БЛИЗКИ/ 104
/МОЕТО ПРЕДЛОЖЕНИЕ КЪМ БЕРГ/ 107
/РАБАШ СЕ ВДЪХНОВЯВА/ 109
/ЕТО КАК СЕ ПОЛУЧИ.../ 111
/РЕВОЛЮЦИЯ/ 113
/РЕВОЛЮЦИОНЕР/ 114
/В КАКВО ВРЕМЕ ЖИВЕЕХМЕ.../ 116
/НИКАКВИ КОМПРОМИСИ/ 118
/ДЕСЕТКИТЕ/ 121
/ТОВА ЖИВЕЕШЕ В НЕГО/ 122
/ТОЗИ ВЗРИВ СЕ ПОДГОТВЯШЕ/ 126
/И СЕ ЗАПОЧНА!../ 130
/ТОЙ ЗНАЕ!/ 131
/КУПУВАМЕ ПЕЧАТНА МАШИНА/ 134

/ДА ПОЗНАЕШ СВОЯТА ДУША/ 136
/ГРИЖА ЗА ДРУГИТЕ/ 138
/НЕОЧАКВАНО – ЗОАР/ 140
/УЕДИНЕНИЕТО НА РАБАШ/ 144
/ТОЙ НЕ БЕШЕ ТУК/ 146
/ИЗХОД/ 148
/ЗА ТРАПЕЗАТА/ 150
/ЗАЕДНО/ 151
/ТРЕПЕТ/ 153
/ХОТЕЛ ЗА ДВАМА/ 155
/КАЗАНОТО ОСТАВА/ 156
/ВЕЧНОСТ В ТВЕРИЯ/ 158
/НЕКА ДА СТРАДА/ 160
/ГОСПОДАР НА ТЯЛОТО/ 162
/АТАКУВАМЕ СВЕТА/ 163
/МОЖЕХМЕ ДА НАПРАВИМ ПРОБИВ.../ 165
/МОЕТО ОТКРИТИЕ/ 169
/МОЕТО РАЖДАНЕ/ 170
/МОИТЕ ПАДЕНИЯ/ 174
/ОТМЯНА ПРЕД УЧИТЕЛЯ/ 177
/КОГАТО ИДВА „НОЩ"/ 179

/ГРЕШКА/ 181
/СИЛАТА НА РАБАШ/ 184
/РАБАШ И СТРАХА/ 188
/НЕПРЕДВИДЕНО/ 192
/РАБАНИТ ЙОХЕВЕД/ 193
/В БОЛНИЦАТА/ 194
/ЛЮБОВ/ 196
/РАЗДЯЛА/ 197
/РАБАШ ОТНОВО МЕ ПОРАЗЯВА/ 198
/РАБАШ СЛАБЕЕ/ 200
/ПОСЛЕДНИ ДНИ/ 204
/„БЕ ТОХ АМИ АНОХИ ЙОШЕВЕТ" –
„В НАРОДА СВОЙ СЕ НАМИРАМ АЗ"/ 206
/ТАКА ТОЙ СИ ТРЪГНА/ 207
/ТРЪГНА СИ И ОСТАНА/ 209
/И ИЗВЕДНЪЖ ГО НЯМА!../ 212

/ГЛАВНИЯТ ВЪПРОС НА ЖИВОТА/

Аз пристигнах при РАБАШ[1] вече уморен от търсенето, гладен за истината, напразно преследвайки я цял живот.

„За какво живея?" – този въпрос ме измъчи, буквално ме изтощи. Помня се още като дете, лежа във високата трева на градския парк, гледам звездите и си мисля с тъга и надежда: „Може би оттук към мен ще дойде отговорът? Какъв е смисълът на живота ми, в какво?!" Аз още не съм започнал да живея, а копнежът вече ме изгаряше. Копнеж по неизвестна, висока, истинска цел.

1 **РАБАШ** – Рав Барух Шалом а-Леви Ашлаг (1907-1991), син и ученик на Баал Сулам – най-великият кабалист на XX век.

Минаха години, опитвах се да намеря отговор в науката, да го прочета в книгите, да го разбера логически. Нищо не се получаваше. Само ставаше по-зле. Все повече се разкриваше пустотата и безнадеждността на всичките ми усилия. В някакъв момент даже помислих, че така и ще умра, нищо не достигайки.

Преместих се в Израел. Четири години работих в армията, поправях електрониката на самолети.

След това напуснах, открих собствен бизнес, който ми носеше добри доходи, купих двуетажна къща-пентхаус, опитвах се да подражавам на богатите и знатните, мислех – ще забравя…

Но не, не се получи, ставах през нощта, излизах на двора и не можех да се сдържа, сълзите сами се изливаха. „Какво пък е това? - мислех си и се обръщах към някого, неизвестно към кого. – Поне ми дай посока, в която да търся?!"

В един момент се насочих към религиозните. Гледам ги, вървят благосклонни, успокоени – видимо намерили смисъла на живота. Заминах за Йерусалим при известен, говорещ руски език равин. Той ми разказа напълно сериозно, че змията била на два крака – „Нима не е? Така е написано!"

– И аз трябва да вярвам в това? – го попитах.

– А как иначе, ето виж, написано е черно на бяло - отговори ми той.

Веднага ме отблъсна с пълната липса на научна основа. Срещнах се с Брановер, доктор по физика, станал религиозен човек, мислех си: физик, човек на науката… – не потръгна и тук.

Три месеца учих в Кфар Хабад[2], с подрастващите изучавах Талмуд[3], четох „Тания"[4]. Тръгнах си.

---

2 Кфар-Хабад - (религиозно заселване на хасидите ХАБАД в Израел. ХАБАД – направление в хасидизма, а също така се нарича любавически хасидизъм.)
3 Талмуд – (учение), сборник от закони по правови и религиозно-етични положения наюдаизма, обхващащ Мишна и Гмара в тяхното единство.
4 Тания или Ликутэй Амарим – основополагащата книга на ХАБАД.

По времето на тези "походи" срещнах другар, който също като мен, търсеше. Казваше се Хаим Малка, ние се сприятелихме, започнахме да се срещаме всяка вечер и методично да работим върху всички книги. Хаим четеше на глас, а аз записвах като на лекции в университета. Така ние конспектирахме много книги на РАМАК[5] и РАМХАЛ[6].

Но чувствах, че книгите не помагат, дори повече от това - няма да помогнат. Разбрах, че сами няма да пробием. Трябва да търсим учител. Някой, който вече е преминал този път. Решихме и го направихме - започнахме да търсим.

Срещнахме се с Баба Сали[7], всички говореха, че е кабалист. Той се оказа обикновен, много открит човек, разказваше това, което е видял, но да го обясни не можеше.

После попаднах на центъра на Берг[8]. Изкупих всички книги, които имаше. Срещнах се със

---

5 РАМАК – Рав Моше Кордоверо (1522-1570) – известен кабалист, представител на цфатската школа на кабала, автор на много книги.
6 РАМХАЛ – Рав Моше Хаим Луцато (1707-1747) – кабалист, автор на десетки книги по кабала и еврейска етика.
7 Исраел Абухацира (също известен като Баба-Сали, което означава "молещ се отец", или "отец Исраел"; 1889-1984) – кабалист, духовен лидер на мароканските евреи, живеещи в Мароко и Израел.
8 Център по кабала на Берг – основан в 1971 г. Създател на центъра Рав Ф. Берг – ученик на Рав Й. Брандвейн – един от учениците на Баал Сулам.

самия Берг, даже взех от него няколко урока, докато той не включи обяснения за космоса. Тогава разбрах - това със сигурност не е моето, не мога да търпя никаква мистика...

В Йерусалим отидох при Ицхак Зилберман. Той беше признат от всички кабалист. Живял в Йерусалим, учил кабала по Виленски Гаон (АГРА)[9]. При това религиозен човек, когото всички уважаваха, а не мистик като Берг, когото не можеха да търпят. Той ми каза: "Ние с теб живеем сред вярващи, затова трябва да изучаваме Талмуд. Това ще ни подсигури защита, за да можем да учим кабала, защото нея никой не я обича."

Започнах да уча при него. Преподаваше малко от основите на кабала по книгата „Сафра де-Цниюта" АГРА. И също нищо не можеше да обясни! Просто четеше и нищо друго. Това ме задушаваше: „Е, а какъв е смисълът?" – питах аз. А той отговаряше: „Някога ще узнаем". Мен това „някога" не ме устройваше. Нужни ми бяха отговори, а не обещания. Един ден Зилберман дойде вкъщи и видя на рафта книги на Баал Сулам[10] - пребледня, посочи към

[9] **АГРА** – (Виленский гаон) – р. Элияху бен Шломо Залман (1720-1797) – каббалист, выдающийся духовный

[10] **Баал Сулам** – Рав Йехуда Ашлаг (1884-1954). Основоположник на съвременната методика на кабала. Автор на коментара на съчи-

тях с ръка и каза: „Това по-добре го свали в избата, без да го поглеждаш". В този момент реших, че е време да приключа с него.

Така за първи път защитих Баал Сулам, макар и тогава да не знаех, че с неговото име, с неговото наследство ще свържа целия си по-нататъшен живот.

нения на АРИ. Името „Баал Сулам" е получил след излизането в света на неговия коментар „Сулам" („стълба" – на иврит) на Книгата Зоар.

/ОПИРАТ ТЕ ДО СТЕНАТА/

И ето, веднъж след поредното търсене на учител, ние седяхме с моя приятел Хаим Малка в неговата квартира в Реховот. Пристигнах след работа уморен и опустошен, просто влачейки се. Беше студена, дъждовна зимна вечер със силни пориви на вятъра. Хаим предложи: „Хайде да си сварим кафе, както обикновено и да учим". Но му отговорих: „Не, аз вече не съм в състояние".

Помня онова свое усещане много ясно: всичко е напразно, няма къде да отида, за какво ми е такъв живот?

Това е чудо, когато човек го довеждат до подобно състояние и не му дават да избяга. Изглежда, че трябва да стане, да хлопне вратата и да забрави всичко. Имам пари и то не малко, работа, забележително семейство, върви където поискаш, пътешествай, живей и се наслаждавай. Но, не! Теб те водят до стената, просто те притискат към нея и изведнъж вкарват в сърцето ти последна надежда.

Чак по-късно, след много години разбрах, че това са най-ценните моменти в живота, когато усещаш пълна безизходица. И че те се наричат молитва.

Ето в такова безнадеждно състояние казвам:

– Хаим, давай още сега да отидем да търсим учител, – от мъглата, от пълното безсилие изплуваха тези думи. – Трябва до го намерим днес!

– Къде да го намерим? – попита той. – Навсякъде бяхме.

– Чувал съм, че кабала изучават в Бней-Брак[11]. Казах го без да се замисля. През всичките тези години да съм ходил само един или два пъти в Бней-Брак, не познавах този град. И изведнъж изтърсих: „Бней-Брак".

Хаим също не се поколеба дори за секунда, съгласи се на мига: „Добре, да тръгваме".

Седнахме в колата и потеглихме. Помня проливния дъжд, който заливаше предното стъкло, пътувахме на сляпо, но дори и не сме си помислили да спрем, да изчакаме дъжда, да се върнем - не, продължаваме и то колкото може по-бързо.

---

[11] **Бней-Брак** – град в Израел, намира се в окръг Тел Авив. По-голямата част от населението на града е религиозно.

/АНГЕЛ НА СВЕТОФАРА/

Пристигаме в Бней-Брак. Спрели сме на кръстовище насред града и не ни е ясно накъде да продължим?! Тогава отворих прозореца и през проливния дъжд изкрещях на човек в черно религиозно облекло, който стоеше на светофара и сякаш ни чакаше. Извиках:

– Кажете, къде тук изучават кабала?

Това се случи преди четиридесет години, тогава от думата „кабала" се стряскаха като от проказа. Но този човек ме погледна и съвсем спокойно отвърна: „Завийте наляво, идете до плантацията и срещу нея ще видите сграда – там изучават кабала".

Когато РАБАШ чу тази история, каза: „Това е бил ангел. Точно така водят човека на нужното място. Взима те някаква сила, обръща те и те насочва там, където ще намериш отговор на всички свои въпроси. Ако си приложил усилия, обезателно ще те доведат".

/ВИСШИЯТ СЦЕНАРИЙ/

И ние потегляме. Наистина след няколкостотин метра от тъмнината изплуваха дърветата на градина с нарове, появи се сграда.

Смътно светеше един далечен прозорец. Спираме и влизаме. Навсякъде е тъмно, освен малка стая в края на коридора. В нея виждаме пет-шест стареца, които седят и се учат.

Помня как попитах направо от вратата: „Тук ли изучават кабала?" Старецът, седнал начело на масата, ни каза някак съвсем просто: „Да, тук, седнете". Ние седнахме.

Четяха Книгата Зоар[12]. Четяха отгоре на арамит[13], на иврит отдолу, а поясняваха на идиш[14]. Иврит горе-долу знаех, умеех да чета, говорех, но арамит и идиш… Това беше прекалено. Исках веднага да стана и да тръгна да търся ново място, бях нетърпелив и ми беше все едно какво ще си помислят за мен, но Хаим ме спря. Той бе привикнал към ученето в религиозно място, беше изпълнен с уважение „към мъдреца и учениците на „мъдреца". Затова с жест ме спря и каза: „Ще останем!".

Така останахме докрая на урока, а аз си помислих, че и ивритът също ми е непонятен, както арамита и идиша, мина ми мисълта: „Трябва да бягам оттук и то по-бързо". Но старецът внезапно попита:

– Какво искате вие?

– Ние пристигаме от Реховот и искаме да намерим място, където изучават кабала - отговорих му аз.

---

12 Книга Зоар – основната кабалистична книга, написана около 120 година от н.е. Автор: раби Шимон бар Йохай (РАШБИ).
13 Арамит – семитски език. В древността арамита е бил разговорен език в Земята на Израел, Сирия и Месопотамия.
14 Идиш – (дословно "еврейски») – еврейско-немски диалект от германската група, исторически основен език на ашкеназките евреи, на който в началото на XX век са говорили около 11 млн. човека по целия свят.

Помня, че точно така казах: „Ние искаме да намерим място", а не „искаме да изучаваме", защото бях уверен, че няма да се задържим тук.

– Аз ще ви организирам такова място. Дайте ми телефонен номер, ще уредя всичко и ще ви позвъня, – отговори старецът.

Много пъти след това си мислех колко невъзможно е да се разчете този Висш сценарий! Тогава бях готов да си тръгна, да избягам. А ме спряха. Какво щастие!

/НЕ ИСКАМ ДА ОТИДА/

Върнахме се в Реховот. На другия ден беше обикновено работно утро. Около четири часа следобед Хаим дойде при мен и каза: „Днес ще отидем да учим". Аз му отговорих, че няма да го направя, не съм се впечатлил от тях, нито от техния учител. А и иврит не разбирам. С една дума, това е губене на време. Ние вече достатъчно пропиляхме от него.

Но Хаим настояваше, не се предаваше. Каза, че е обещал, че не може да не отидем, че е нужно да проявим уважение и да сме там, макар за малко. И аз се съгласих, но при условие, че ще отидем, ще поседим пет-десет минути, а след това ще се престоря все едно съм си спомнил, че съм уговорил важна среща и ще изчезнем завинаги.

Той ми обеща и тръгнахме.

/ДАДОХА МИ ШАНС/

Когато пристигнахме, там отново беше този главният старец. Тогава не знаех, че това е РАБАШ – най-великият кабалист, на когото ще бъда задължен цял живот - ни повече, ни по-малко.

В онзи момент бях никой, за да мога да разбера това. Ето така затварят на човек очите, ушите, разума и ти не виждаш кой е пред теб, готов си всичко да захвърлиш и да си тръгнеш. Но все пак те държат, дават ти шанс да се задържиш. И на мен ми дадоха този шанс.

Първото, което помогна, беше, че видях на зданието табела „АРИ – Ашлаг"[15]. През нощта не забелязах този надпис. Знаех, че АРИ е велик кабалист от XVI век, ние с Хаим се опитвахме да четем неговото „Дърво на Живота".

---

15 "**АРИ – Ашлаг**" название съставено от имената на кабалиста: Йехуда Ашлаг (Баал Сулам) и АРИ – пълното име на Ицхак Лурия Ашкенази (1534-1572). Един от най-великите кабалисти в историята на човечеството. Създал основополагащата система за обучение по кабала. Ползвайки неговата методика, всеки човек, изучаващ кабала, може да стигне до целта на творението. Основният му труд е книгата "Дървото на живота".

Знаех и кой е рав Ашлаг (Баал Сулам). Четяхме учебника му „Учение за десетте сфирот"[16], не беше лесно. Работехме и с „Въведение в науката кабала"[17], мислехме, че нещо разбираме. Накратко, това малко ме успокои. „АРИ - Ашлаг" – поне със сигурност беше кабала.

Влязохме, РАБАШ извика един от старците, нарече го Хилел, сякаш се обръща към някакво дете и каза:

– Хилел, ела тук, поучи с тях.

Хилел, тогава около 65 годишен, беше болен старик със сълзящи очи и бледо лице, едва-едва се движеше. Помислих си: „И той ще ни преподава?"

Хилел е потомък на известен хасидски род, можел е да застане начело на династията, но в младостта си се срещнал с РАБАШ. Започ-

---

16 ТЕС – Талмуд Есер Сфирот (превод от ивр. – "Учение за десетте сфирот") – основният кабалистичен учебник на нашето време (6 тома, повече от 2000 страници). Главното наследство от Баал Сулам. Макар Баал Сулам да е известен като автор на коментара "Сулам" на Книгата Зоар, но за стремящите се да влязат във висшия свят трудът "Учение за десетте сфирот" дава сили, необходими за преодоляване на границата, разделяща нашия и висшите духовни светове. Включва в себе си въпроси и отговори, материали за повторения и запомняне, обяснения, графики, чертежи и така нататък. В книгата се дава описание на законите и силите, управляващи нашето мироздание.

17 Статия на Баал Сулам, която започва да се изучава преди Книгата Зоар и ТЕС.

нали да разговарят за вътрешната работа, за висшето управление и Хилел изведнъж усетил, че РАБАШ знае нещо, за което той нямал ни най-малка представа. Бил поразен, откъде РАБАШ има такива знания! Запалил се, оставил всичко и се прилепил към него, което се оказало завинаги.

Всичко това за Хилел ще узная по-късно, а засега ще бъда в големи съмнения какво мога да получа от него. Отново ще поглеждам към вратата и ще мисля как незабележимо да изчезна... но, ще остана. И ще остана само благодарение на РАБАШ. Изведнъж забелязвам какви леки движения има той, как някак по-особено ни посочва с ръка, как ми кима с глава. Да, да, именно това си спомням, той така ме погледна, че аз реших да не бързам, да остана.

Сега разбирам, че РАБАШ още тогава е знаел всичко за мен.

/ШОК/

Седнахме в празната зала. Отново беше тъмно, пак загърмя, святкаха мълнии, такава зима се зададе, а тук бе топло и уютно. Това също повлия. Къде да ходиш при такова време!? Започнахме да учим.

Хилел каза:

– Обикновено започваме с „Въведение в науката кабала".

Помислих: "Ето къде ще мога да го проверя, ние това въведение вече сме го изучавали." Тогава още не знаех, че да се „изучава", в кабала не е същото, както във физиката или математиката, че знанията тук не играят никаква роля. Но разбирането за това ще дойде по-късно, а засега бях уверен в себе си и се готвех да проверя Хилел. Ето, той седи срещу нас, болен и уморен, бърше сълзящите си очи с кърпа, пъшка. Гледах го и дори не предполагах какво ще се случи.

Започна да чете първото изречение от „Въведение в науката кабала", да чете и обяснява...

„Раби Ханания бен Акашия казал: - чете той. - „Поискал Твореца да удостои Исраел..." На иврит думата „удостои" е подобна на думата „да изчисти". Това повдига два въпроса:

а) Каква е привилегията, с която Твореца иска да ни удостои?

б) Каква е тази „нечистота", от която Той иска да ни изчисти?"

Хилел вдига сълзящите си очи към нас и пита, следвайки Баал Сулам:

„И така, от какво Той иска да ни изчисти, а?"

Без да дочака отговор, започва да обяснява.

Никога няма да забравя този момент. Изведнъж се почувствах, буквално прикован към стола. Треперех. Гледах го и не можех да откъсна очи от него.

Никога, никога през живота си не съм чувал такова стройно, точно, научно обяснение. Пред мен не стоеше болен старец, а боец с щит и меч в ръце. Неуморим, никому неизвестен учител, Велик мъдрец, какъвто светът не беше виждал.

Обясняваше най-сложните неща - „квантовата физика, висшата математика" на духовния свят, но в много проста форма, с точни дефинации, лесно и ясно. Разкриваше ни великия Баал Сулам. Преобръщаше мисленето.

Какво почувствах тогава? Е, какво чувства човек, когато се освобождава от ужасна болка, от голямо страдание, от смъртоносно заболяване, когато вече ти е поставена диагноза - нелечимо! И изведнъж се оказва, че лекарство има и определено ще оздравееш.

Всичките ми въпроси: „За какво съм?", „Защо съм?", „Откъде съм?", „Кой съм аз?", всички мои лични въпроси, които ме разкъсваха, а също и глобалните: „А цялото мироздание?" - всички те изведнъж започнаха да се прояснуват. Оказа се, че са здраво свързани и отговори има. И аз разбрах - „Открих го! Това е истинско! Само да не го изпусна!"

Най-важното - почувствах, че съм си у дома. Че моят път пълен с отчаяние и безнадеждност, празнота и депресия, свършва точно тук, в този дом в покрайнините на Бней-Брак.

/НАМЕРИХ И НЯМА ДА ГО ИЗПУСНА/

Не забелязах как урокът свърши. Хилел изведнъж затвори книгата. Но всичко в мен искаше да продължава: как мога сега да отида някъде, как мога да започна да се занимавам със земни дела - не, това е невъзможно!

Но той каза:

– Мисля, че ще се срещаме веднъж седмично.

„Веднъж седмично?!" - чух вътрешния си вик и веднага отвърнах:

– Утре сме свободни. Много искаме утре. Ние молим да е утре!

И Хилел се съгласи.

/ХИЛЕЛ СЕ ВДЪХНОВЯВА/

На другата сутрин вече дойдох с магнетофон. Започнахме да учим.

След около два месеца, когато премина първоначалният възторг и вече успях да разбера какво става, направих основния си извод - намирам се на правилния път с правилния учител. Вече не се страхувах да задавам въпроси, при това ги задавах по същество. Питах за действията на Висшата сила спрямо нас, за замисъла на творението и неговата реализация. Хилел се справяше с всички. И тогава аз ги изострях.

Нямах намерение да го обърквам и да преча на урока, но всеки път исках по-голямо изясняване. Чувствах такава жажда към тази наука, както към нищо друго в живота.

А той се вдъхновяваше все повече и повече. Отговаряше без да се замисля, сякаш знаеше какъв въпрос ще му задам. Даваше конкретни, прости обяснения, като в механиката: има светлина, има съсъд, те си взаимодействат едно с друго. И се оказа, че така може да се обясни абсолютно всичко.

Започнахме да изучаваме „Учение за десетте сфирот". Той ни разкриваше системата на световете, водеше ни от сила към сила, беше преизпълнен с точно, прекрасно знание и умееше добре да го предаде.

/РАБАШ ИСКА ДА ГОВОРИ С ТЕБ/

Започнах да се уча зимата, а след два-три месеца, около Песах, Хилел ми каза: „Михаел, РАБАШ иска да поговори с теб насаме".

Не се въодушевих много, мен напълно ме устройваше обучението при Хилел, то ми прилягаше. Но той така странно ме погледна, че разбрах – трябва да отида.

РАБАШ ме извика в кабинета си, постави ме срещу себе си, извади книга и започнахме да учим „Предисловие към Книгата Зоар"[18].

И по-рано съм опитвал да чета това предисловие, но за мен беше сложно да проникна през него. Баал Сулам започва статията, като задава цяла поредица от въпроси: „Какво представлява нашата същност?", „Каква е ролята ни в дългата верига на действителността, където ние сме нейни малки звена?"…

---

18 Една от встъпителните статии на Баал Сулам, с които започва да се изучава кабала.

РАБАШ четеше тези въпроси и ги обясняваше в движение. „Как е възможно от Вечното, нямащо начало и край да произлизат нищожни творения, временни и опорочени?"

Той отговаря, аз слушам внимателно и улавям в себе си мисълта, че не схващам много онова, за което говори.

А РАБАШ продължава да чете по-нататък.

От втория или третия пункт абсолютно престанах да го разбирам. Не възприемах думите. Не можех да ги съединя заедно, да ги свържа в разума, още повече в сърцето. Хващах се за мисълта и на мига я изпусках.

Не, това не бяха тайните на Тора или нещо

отвлечено, но се чувствах пълен идиот. Понеже бях свикнал да възприемам материала, да се обличам в него, да изяснявам, да чертая, да пиша. А точно тук с моето образование, дори нямаше на какво да се опра.

Някъде след около час РАБАШ каза: „Добре, за днес е достатъчно. Ще продължим следващия път". Аз си излязох със смесено чувство на раздразнение към него и към себе си, но с решението, че следващия път ще се ориентирам във всичко.

Той настъпи след няколко дни.

Хилел отново ми каза: „Ако искаш, днес след нашия урок можеш да отидеш при Ребе[19]".

И отново имах урок с него, и отново нищо не разбрах.

Хилел повече не ми предложи да ходя при РАБАШ.

---

19 Ребе – уважително обръщение към равина прието у ашкеназските евреи. Съответства на думата АДМОР. Така се нарича духовния водач при хасидите. Абревиатура на думите адонену морену ве-рабену: господин, учител и наставник наш.

/ТОЙ МЕ Е ОСТАВИЛ?/

От това ме заболя. Ядосах се на РАБАШ. Ясно, че нищо не разбирам… Е, ами не разбирам, нали току-що съм започнал. И заради това да ме отхвърли, да ме изостави? Запали огъня в мен и ме остави да изгоря сам. Той ме е захвърлил, как е възможно?!

Чак по-късно разбрах какво е правел РАБАШ с мен. Проверявал ме е. Проверявал е, дали ще се възмущавам. Ще търся ли възможност отново нищо да не разбирам или ще предпочета знанията там, където не оказват натиск върху моето „аз". В крайна сметка е проверявал дали си струва да се занимава с мен. Съзрял ли съм за болката, за истинското търсене, за растежа, заслужава ли си да влага сили в мене или не.

Тогава се възмущавах, а днес виждам как всичко е било точно пресметнато от него.

Висшият винаги ражда нисшия. Нисшият не може да се роди сам. РАБАШ проверяваше - искам ли да се променя. Ще го пробуждам ли като плачещо малко дете, без значение дали засега разбирам какво ми е нужно. Просто защото ми е зле. Той е искал от мен несъзнателна молитва. Искал е да го задължа да се заеме с мене.

Така беше. Още не „познавах" РАБАШ, но това, че ме „отблъсна", предизвика огромно желание да си пробия път към него.

Той всичко виждаше, чувстваше и мълчеше.

/ПОСЯТО СЪМНЕНИЕ/

В един момент разбрах, че съществува и друг метод на учене. Не рационален, не научен, не такъв, към какъвто бях привикнал. Независимо, че продължих да уча при Хилел, именно от този момент вече не се получаваше, както преди да се потапям в изследването на текстовете в опит да разбера написаното, да го позная, изуча и да се радвам на онова, което съм научил. РАБАШ ми „развали" удоволствието. Той пося в мен съмнение, което прерасна в натрапчивата мисъл да проникна вътре в изучавания материал.

/„ХИТРИТЕ"
КАБАЛИСТИ/

Благодарение на РАБАШ започнах да разбирам какво „твори" с теб Баал Сулам! Той те води, раздвижва те така, че се появява надежда, че разбираш. Ти се хващаш за нея, радваш се… И изведнъж всичко изчезва. Отново си отчаян, разтваряш ръце: "Е, как така? Всичко беше толкова понятно, логично… Защо изчезна?"

Защото задачата на Баал Сулам е друга. Той те води към това, че нищо няма да ти дадат твоите мозък и разум, на които си се опирал през целия си живот. Постарай се навреме да го разбереш, за да не удължаваш пътя. Но колко е трудно да оставиш земния разум и да се отдадеш на неизвестното?!

РАБАШ изискваше от мен готовност да проникна между думите, за да стане всичко изучавано прозрачно и през тази прозрачност да премина в друга реалност. Това се нарича вътрешно постижение. Когато постигаш свят, намиращ се зад тази книга, зад нейните думи. Когато през думите влизаш в друга действителност. РАБАШ ми даде да почувствам, че има такава възможност.

Разбрах, че не мога да я пропусна.

/ТАКА ЗАПОЧНАХ ДА ЖИВЕЯ/

Попитах Хилел кога мога да отида на нощния урок. Дотогава се занимавах само вечер.

Обичайният урок при РАБАШ започваше в три часа през нощта и продължаваше до шест сутринта.

Аз казах:

– Много искам.

Хилел отговори, че ще се посъветва с РАБАШ.

– Кога? – попитах.

– Ще се постарая днес.

– А може ли сега, ще почакам – отвърнах.

Хилел ме погледна, направи пауза и попита:

– А ако РАБАШ е зает?

– Имам време – отговорих аз.

Хилел се качи на втория етаж при РАБАШ, той живееше тук, и скоро се върна.

– РАБАШ е съгласен. Можеш да идваш.

От този момент, преди около четиридесет години, започна нов период в живота ми – най-важния. Него и наричам живот.

/В ОЧАКВАНЕ НА ЧУДО/

Живея в Реховот, но всяка нощ пътувам до Бней-Брак за урока. Ставам в два часа през нощта, скачам дори по-рано! Летя към колата и карам колкото мога бързо, само за да пристигна възможно най-рано в нашата полутъмна, прохладна зала, да бъда там един от първите, да си приготвя кафе и да отворя книгата „Учение за десетте сфирот". На която и да е страница. Притихвам над тези редове, опитвайки се да почувствам Баал Сулам, чрез него да проникна вътре... Но нима това е възможно?!

По-късно идват всички. РАБАШ слиза от втория етаж и започваме да учим.

Тогава бяхме малко на брой. Мнозинството от тях вече заминаха в другия свят, но аз помня всеки, всяко мигновение, погледите, въпросите, отговорите на РАБАШ и тишината, когато той затваряше очи и ние се бояхме да помръднем, за да не му попречим с нещо.

Ето така започнах да уча при РАБАШ.

А Хаим Малка реши да остане при Хилел.

/РАБАШ Е ИЗПЛАШЕН/

На първия сутрешен урок занесох магнетофон. Веднага разбрах, че не искам да пропусна нито дума, толкова дълго вървях към този ден и всичко ще запиша!

Поставих магнетофона на масата и изведнъж видях, че РАБАШ е изплашен.

Оглеждаше го, не знаеше как да реагира, мълчеше и не започваше урока.

Въпросът беше, че не било прието нито при него, нито на уроците на неговия баща някой да записва онова, което се говори. Нито с молив, нито с писалка, а още повече пък с магнетофон. А сега всичко ще бъде записано, всяка дума.

Той ми каза: „Не, ти няма да го включваш". И колкото и да го уговарях, не се съгласи. Усетих, че ако сега не измисля нещо, ако сега не го придумам, ще се проклинам цял живот.

/УГОВОРИХ ГО!/

Отидох до Тел Авив и купих по-специален магнетофон.

Седнах срещу РАБАШ и му показах всички негови възможности: „Ето това копче е пауза, може да се спира записа; ето това е за превъртане - може да се намери всяка дума, всяко изречение; а ето с това може всичко да се изтрие, ако пожелаете..."

Той слушаше внимателно, сам пробва няколко пъти, докосваше всички копчета, включваше и изключваше. А аз през цялото време му говорех, че ние сме такива, новото поколение - ученици, привикнали всичко да записват, конспектират... Ако не пиша, то и не слушам. Ние сме външни, пусти, нас трябва да ни напълнят...

И той разбра. Разбра, че ще дойдат точно такива, като мен и ще трябва с нещо да започнат. Ще са им нужни записи. И се съгласи. Защото във всяко нещо беше революционер. Но се съгласи само при едно условие, че магнетофонът ще стои до него и той сам ще определя какво ще се записва, а какво – не.

Така управляваше магнетофона през всичките тези години, така и се събраха повече от 2000 часа записи на уроци. И още много рисунки.

Защото седях до него и пишех, скицирах, а той понякога поправяше моята рисунка или я правеше наново.

/КЪМ СЪРЦЕТО/

Мина известно време и аз разбрах защо РАБАШ е бил против всякакви записи. Разбрах защо се отнасяше към това с леко презрение. Веднъж даже ми подхвърли: „Каква е разликата, дали съм ти казал нещо или не…" Защото той изискваше промени в теб самия. Не на хартия, а в себе си е нужно да внесеш чутото, за да проникне то през решетката на паметта, навътре към самото сърце и да отекне там.

Той с целия си живот ми показа какво означава всеки ден да е нов, всеки ден да започва като чист лист, без никакви примеси от вчерашния, разбирайки, че Твореца изисква промени в сърцето, а не отчет за научения материал.

/СЛУЧАЙНОСТИ НЯМА/

И така, аз продължавам да ходя и на сутрешните уроци при РАБАШ, а също и на вечерните при Хилел.

Засега РАБАШ не проявява към мен някакъв особен интерес. Поредният ученик, колкото издържа - толкова, във всеки случай, така ми изглеждаше тогава.

Не знам какво щеше да се случи, ако една сутрин не ме бяха попитали: „Ти можеш ли да заведеш РАБАШ при лекаря?" Отвърнах: „Да, мога".

Какво щастие, че се оказах по това време наблизо, какво щастие, че всички бяха заети с нещо и че имах автомобил. Защото от този момент започна друго летоброене в моя живот.

Закарах РАБАШ при доктора, имаше възпаление на ухото. Лекуващият лекар ни изпрати в болницата. Там ми казаха: „Подозираме, че вашият учител има рак". Сърцето ми спря – „Какво да правим?" Докторът отговори: „Спешно го приемаме в болница!"

Всичко това се случи преди празника Шавуот. Аз се притесних, че Ребе няма да се съгласи, че ще се наложи да го уговарям. Приближих се до него, обясних какво казаха лекарите и че настояват. РАБАШ ме изслуша и спокойно отговори: „Ще лежим". И го направихме.

Това беше урок за мен. Разбрах, че той има ясното разбиране, че нужно да бъде физически абсолютно здрав, за да преподава. Не можеше да си позволи пренебрежително да се отнесе към тялото, тук целта определя всичко. И затова тялото трябва да се намира през цялото време в работно състояние. Указанията на лекарите РАБАШ приемаше като заповед свише.

По-нататък нещата се развиха удивително гладко. Дадоха ни отделна болнична стая. Попитах го кога е по-добре да идвам?

Мислех, че ще каже през деня или в приемните часове, той винаги е спазвал закона. Отговори ми: „Идвай сутрин, ще се занимаваме."

И аз се развълнувах. Помня и до днес този трепет, който изпитах – „РАБАШ ще се занимава с мен насаме?!" Не можех и да мечтая за нещо подобно! Плахо попитах:

В колко да идвам?

В четири часа – отговори той.

Към вкъщи не пътувах, а летях, като на криле! Трябваше да се подготвя.

/МЕЖДУ ХИЛЕЛ И РАБАШ/

В три и половина сутринта бях на входа на болницата. Не ме пуснаха да вляза, затова се покатерих през оградата и си скъсах панталона в бързината и вълнението. Влязох при Рабаш по пожарната стълба, той вече ме чакаше. Запалихме по цигара, тогава можеше да се пуши навсякъде.

Този път отвори не „Предисловието", а „Учение за десетте сфирот" (ТЕС). И започна да чете. Така се надявах, изведнъж нещо да разбера, надявах се, че ще проникне нещо в мен. Защото езикът на ТЕС е като езика на физиката. Или пък така, насаме с Учителя изведнъж от само себе си ще се разкрие смисълът на написаното? Или може РАБАШ да промени отношението си и да ми обясни всичко? Но, не. Беше по-лошо.

Той не ми каза нищо. Просто чете и това е. А аз нищичко не разбирах. Когато се опитвах да задавам въпроси, се почесваше по тила и казваше:

– Е, така е, някак си...

– Как? - питах.

– Ето така - отвръщаше.

Бях отчаян, че не възприемам нищо. Дори се изкушавах няколко пъти да отида вечерта на урок при Хилел, за да получа правилните отговори на всички въпроси и знаех, че ще ги получа... Но осъзнавах, че няма да го направя, няма да отида.

/СИСТЕМАТА НА РАБАШ/

РАБАШ с тази своя външна сухота, сякаш ме питаше: "Но къде са тогава твоите собствени постижения, ако получаваш готови отговори? Тези отговори не те изграждат като изследовател, те само те напълват. И при това ти не развиваш в себе си пустота за постигане на Твореца. Няма да възприемеш кабала с ума си, не се и опитвай. Само "сърцето разбира"".

Колко различни бяха тези две системи - на Хилел и на РАБАШ, въпреки че и двамата са били ученици на Баал Сулам.

Системата на Хилел беше: „Ние всичко сме способни да разберем и да знаем."

Системата на Рабаш: „Ние нищо не знаем и не разбираме."

Той те настройва само за постижение. Ако няма постижение, всичките ти знания нищо не струват. А така тежко беше да излезеш абсолютно пуст от урок на РАБАШ и в това време да гледаш как останалите излизат вдъхновени от урока на Хилел. Казваха ни: „Какво не разбирате тук? Така лесно се обяснява..."

И го обясняваха!

Един ден РАБАШ, виждайки ме как стоя изгубен след урока, без да разбирам дали е по-добре да бъда радостен или отчаян, дойде при мен и каза:

– Ако след урока не се чувстваш по-празен, отколкото преди урока, това не е урок!

Трябва да излезеш с усещането, че у теб няма нищо. Трябва да крещиш: „Какво да правя?".

Тогава урокът е бил успешен.

За щастие чух РАБАШ, навреме осъзнах Кой е пред мен и че трябва да го следвам стъпка по стъпка, без колебание.

/СЪСТОЯНИЯ/

Поразителното е, че дори разбирайки това, не бях защитен от съмнения.

Когато решаваш и си казваш: това е моят живот, моят път, моят Учител – точно тогава в теб, именно когато си така уверен, се надигат въпроси: „А това ли е пътят? И това ли е учителят? И целта трябва да се провери..." И започваш да се сражаваш с тях, правиш купища грешки. Не може да не ги направиш, та ти си още дете.

Веднъж, намирайки се в такова състояние, отидох при РАБАШ и направо му казах: „Аз съм на 34 години и имам намерение да посветя на кабала целия си живот. Вълнува ме само един въпрос: ти ли си този Учител, който ще ме заведе до целта?"

Помислих, че ще ме успокои, ще ми отговори така, че да почувствам, че няма за какво да се тревожа, че ще получа от него увереност, сила, безопасност, а се случи напълно обратното.

РАБАШ каза:

– Не зная. Ти трябва да почувстваш това сам.

– Как?! – попитах аз, почти извиках.

– Със сърцето - отговори той. – По никакъв друг начин.

Никога и никого не привързваше към себе си.

/РАБАШ РЪКОВОДИ/

Измина седмица и забелязах, че РАБАШ се е „стоплил" по отношение на мен.

Ходех в болницата всяка сутрин, прекарвах с него целия ден. Подготвях се, като уреждах ежедневната си работа така, че нищо да не ме отвлича. Много се стараех да не пропусна нито една казана от него дума. Това изискваше голямо напрежение.

Да си насаме с кабалист на такова ниво не е лесно. Имаше състояния, когато изведнъж с учудване установявах, че нямам въпроси. А бяха много, бях подготвил огромно количество, като си мислех: „Обезателно ще попитам." А после стоя пред него и мълча.

РАБАШ сякаш ме „заглушаваше". Не можех да си отворя устата, а той буквално не ми обръщаше внимание. Колко често след това съм усещал, че ръководи целия ми живот, че предварително знае всичко за мен. Така и беше.

/ДА СЕ ДЪРЖИШ С НОКТИ И ЗЪБИ/

Именно в болницата между нас се появи онзи контакт, който после се превърна в истинска и неразривна връзка.

Помня как не издържах и с болка го попитах: „Но как, как да разбера това, как?!" Усещането беше сякаш казах: „Но защо ме измъчваш?!" И той неочаквано ми отговори така просто, така понятно, беше почувствал моето състояние. Говорихме за нещо, написано в Талмуда: двама се държат за талита и единият твърди: „Всичко е мое", а другият отговаря - „Не, мое е".

– Но за какво става въпрос тук? - попитах. - Защо тези двамата разкъсват талита?!

И той обясни:

– Талитът[20], това е човека.

Помня как застинах, бях поразен. Това преобръщаше разума.

А РАБАШ продължи:

– Двамата, дето го разкъсват, са две сили, кои-

---

20 Талит - специална четириъгълна наметка. В талит се обличат по време на сутрешната молитва.

то държат човека – злото начало и доброто начало, желанието да се насладиш и желанието за отдаване.

Беше така просто и в същото време толкова дълбоко.

– А самият човек трябва да вижда себе си неутрален, намиращ се между тях – каза РАБАШ. – И да бъде отговорен за това, коя от двете сили ще проговори в него. А сега попитай какво Твореца иска от тебе. Защото именно Той действа така върху теб от двете страни, Той!

В този момент усетих каква неимоверна дълбочина е заложена в РАБАШ. И че трябва с нокти и зъби да се държа за него до последни сили. Да благодаря на Твореца, че ми е дал този шанс в живота. И отново пред мен е предишният „сух" РАБАШ, който отваря „Учение за десетте сфирот" и започва монотонно да чете направо от мястото, на което е разгърнал. Без всякакви обяснение, без емоции, чете не обръщайки внимание, че аз отново нищо не разбирам, нищо не усещам, че отново съм изгубен и пуст.

Днес вече знам, че ме е виждал като на длан. Знаел е, че ще остана с него, че освен това, всичко останало за мен не струва нищо, че никъде няма да отида. Всъщност е знаел всичко, което ще се случи с мене. И ме подготвяше за този бъдещ живот.

/МОИТЕ СТРАХОВЕ/

Ето така той ту ме хвърляше в огъня, ту ме заливаше с ледена вода. Ту разбирам, ту не. Ту усещам, ту не. Ту е велик, ту трябва да се боря за величието му.

В тази постоянна битка аз се калявах. И внезапно осъзнах, че ходя в болницата вече месец и скоро ще изпишат РАБАШ. Ужасих се. Какво ще стане с мен след това? Не, това не може да спре! Не мога да отстъпя на никого тези наши нощни уроци. Не мога да си представя, че няма да му правя кафе, както го обича – по йерусалимски, лъжичка без връх, залята с гореща вода, без захар. Че няма да я има тази тишина, когато седим заедно сами, той затваря очи, мълчи и мисли, а аз буквално чувствам с Кого говори... и много се страхувам да не му попреча, боя се да помръдна, да дишам...

А когато започне да чете със своя висок гърлен глас, ми се иска това да продължи вечно! И се улавям да мисля колко много прилича на моя дядо! Колко ми е близък! Как не мога да живея без него!

Сближаването ни започна точно с тази „наша" болница. Пиша „наша", пиша „ние там лежахме", защото точно такова усещане имаше през цялото време. И у мен, и у него.

/ВСИЧКО ЕДВА ЗАПОЧВА/

Страховете ми бяха напразни. След болницата тепърва всичко започна. Започнаха нашите разходки заедно в парка, пътуванията до гората Бен Шемен, разговорите, мълчанието ни – започна животът.

След изписването РАБАШ беше много слаб. Бяха му вкарали такова количество антибиотици, че докато се разхождахме в гората или парка, се стараех винаги да сме близо до пейка.

Той слизаше от колата, правеше няколко десетки крачки и казваше: „Ще полегна".

Бързо разгъвах дунапренен дюшек и той отмалял, като дете лягаше и заспиваше за час и половина.

А аз пазех съня му. Пушех наблизо и четях текстовете, които му бяха дали за проверка. Бяха статии на Баал Сулам, после ги отпечатахме в първия том на книгата „Плодовете на мъдростта"[21].

---
21 Сборник статии на Баал Сулам

Когато РАБАШ се събуждаше, му давах горещ чай или кафе от термоса. Той присядаше, разговаряхме, но много малко, не исках да го натоварвам. Без да бърза, започваше да проверява текстовете.

/НАПИСАНОТО ОТ БАЩАТА/

Веднага се забелязваше колко трепетно се отнася към всяка дума на своя баща, как усещаше страничната намеса, разпознаваше всяка редакция на мига.

Тук е била променена дума, тук е добавено изречение, а това не е ръката на баща ми, той не би го написал така. Още тогава видях каква неразривна вътрешна връзка има между тях.

Най-удивителното е, че не сбърка нито веднъж.

Каза ми, че не трябва да се поправя написаното от кабалиста. Даже да ти се струва нелогично, че е граматическа грешка, пропуск, объркване – не трябва да се поправя! Ние не знаем кое е правилно, а кое не.

Толкова сме малки, а логиката ни така нелогична от гледна точка на висшата истина, че по-добре да не се намесваме, защото всяка поправка ще бъде грешка. Кабалистът знае точно какво е искал да предаде. Всичко, написано от него, е точно и не подлежи на никакво съмнение.

Такова беше отношението на РАБАШ към текстовете на неговия баща Баал Сулам.

Затова във всички наши издания, в абсолютно всичко издадено от мен и моите ученици, написаното от РАБАШ и Баал Сулам е съхранено достоверно. За нас това е закон.[22]

/"ОТПРЕД И ОТЗАД ТИ МЕ ОБГРЪЩАШ"/

Помня как четяхме в гората Бен Шемен[23] статията на Баал Сулам, първата от книгата „Плодовете на мъдростта" - „Отзад и отпред Ти ме обгръщаш". РАБАШ четеше бавно, още беше слаб, но буквално виждах как се възвръщаха силите му.

Изправяше се, очите му пламваха, още първите редове го връщаха към живота: „Отзад и отпред Ти ме обгръщаш...". Това той го чувстваше, беше негова постоянна молитва.

„И е истина „царството Негово над всички властва", и всичко ще се върне към своя корен, защото „няма място, свободно от Него"..." – тези думи живееха в него и определяха всичките му мисли и действия.

---

[22] Например: Kitvei Baal Hasulam. ARI. Israel. 2009, ARI. Israel. 2008.
[23] Създадена от хората гора между градовете Лод и Модиин.

Затова в колата заедно с „Шамати"[24] стояха и Псалмите на Давид[25]. Когато взимаше книгата в ръка, тя сама се отваряше на 139 псалм, станал основа на статията „Отзад и отпред Ти ме обгръщаш".

РАБАШ почти не поглеждаше протритите от четене страници, знаеше наизуст тази молитва на цар Давид. Защото тя беше и негова молитва.

„Творецо, опитал си ме и познал си ме. Ти познаваш сядането ми и ставането ми; Разбираш мислите ми отдалеч. Издирваш ходенето ми и лягането ми, и знаеш всичките ми пътища.

---

24 „Шамати" /Чуто/ е книга, съставена от записките на РАБАШ, които той е водил по време на уроците на Баал Сулам.
25 Псалмите на цар Давид (Теилим) - в тях цар Давид, великият кабалист на своето време, описва целия духовен път на поправяне на човешката природа.

Защото докато думата не е още на езика ми, ето, Творецо, Ти я знаеш цяла. Ти си пред мен и зад мен, и сложил си върху мене ръката Си. Това знание е пречудно за мене; Високо е; не мога да го стигна. Къде да отида от твоя Дух? Или от присъствието Ти къде да побягна? Ако възляза на небето, Ти си там; Ако си постеля в преизподнята, и там си Ти. Ако взема крилата на зората и се заселя в най-далечните краища на морето. И там ще ме води ръката Ти. И Твоята десница ще ме държи. Ако кажа: Поне тъмнината ще ме покрие и светлината около мене ще стане нощ. То и самата тъмнина не укрива нищо от Тебе, а нощта свети като деня..."

/ТВЪРД ГРАФИК/

РАБАШ като с въжета привързваше себе си към Твореца.

Обикновено в два през нощта, час преди урока, излизаше от дома си на улица „Хазон Иш" 81. Без да бърза, потънал в своите мисли, се разхождаше до улица „Раби Акива" и се връщаше обратно. Малко припяваше, правеше дихателни упражнения и мислеше ли, мислеше. В два през нощта му беше удобно и приятно да се подготвя за урока.

В три часа започваше самият урок. Както обикновено от три часа до шест. В шест и половина до седем – молитва. След това за около пет минути обсъждахме какво ще правим в течение на деня и отивахме да починем.

В девет сутринта вече пристигах в дома му с автомобила си и отпътувахме или към морето, или до парка, или на лекар, или на среща с някой.

В дванадесет и половина се връщахме. Аз се прибирах вкъщи, обядвах и до четири часа работех. В пет вече отново бях при Ребе, тогава започваха следобедните занятия.

От пет до осем имаше вечерен урок: изучавахме статиите на Баал Сулам и „Учение за десетте сфирот", от осем до осем и половина – Зоар, в осем и половина беше вечерната молитва и в девет без петнайсет си тръгвахме за вкъщи.

Три пъти в седмицата вечер се провеждаше урок, който наричахме „урокът на Шаул". Изучавахме „Дървото на живота" на АРИ. Този урок не се отменяше при никакви обстоятелства, дори ако на него присъстваше само един човек – този същият Шаул (но обикновено бяхме 6-7 ученика). Шаул се интересуваше само от „Дървото на живота". Когато стигнехме до последната страница, РАБАШ по традиция го питаше: „Е, какво ще изучаваме по-нататък, Шаул?" А той му отговаряше: „Ще започнем отначало". РАБАШ спокойно прелистваше страниците и невъзмутимо започваше всичко отначало...

В 20:45 всички уроци приключваха. Пет минути по-късно, още щом Ребе се качеше в дома си, вече беше заспал.

Имаше невероятната способност да не губи нито минута от каквото и да е. Да пази силите си. Може да е безкрайно уморен, но затваряше очи за три минути и мигновено заспиваше. Аз буквално го будех след три минути. Той ставаше бодър, сякаш е спал осем часа и казваше: „Ех, как добре се наспах!" А след това можеше да преподава още 2-3 часа.

Никога не промени графика си. Това се случваше само, когато лежахме в болницата или пътувахме до Терия[26]. Но онова беше съвсем различно учене и различни отношения.

Не веднага успях да схвана защо е нужно толкова стриктно – до минута! – да се изпълнява всичко. Отначало го отдавах на характера му, на старата йерусалимска закалка. Впоследствие разбрах, че във всичко това има дълбок смисъл.

/ПАДЕНИЯ/

Така излизаше от паденията. Отрано ги предвиждаше, подготвяше се, като онзи старец от притчата, който търси изгубеното[27].

Той знаеше, че преди всеки подем има падение. Знаеше, че никой отгоре няма да ти подари важността на целта, обратното – напълно ще те лишат от дух на живот.

Още повече ще ти разкрият собствената ти природа, над която ще си длъжен да се издигнеш, превръщайки „мъртвото" тяло в живо. За това е казано: „Направи всичко, което е по силите ти". Защото колкото е по-голям човек, толкова повече е тежестта в сърцето.

---

26 Терия е град на западния бряг на езерото Кинерет в Галилея, в североизточната част на Израел. Кинерет е най-ниско разположеното сладководно езеро на Земята.
27 Вавилонски Талмуд. Масехет шабат, част 23

РАБАШ знаеше: единственото, което му помага е графикът за деня.

Издигайки се в точно определено време с урока, книгите, разходката, работата, която трябваше да върши независимо от всичко. Това се беше превърнало в навик. Навикът бе проникнал в природата му и дори, когато чувстваше себе си мъртъв, оживяваше, опирайки се на режима.

Това „оживяване" се случваше пред очите ми. Той много пъти не го криеше от мен. Искаше да знам, че и мен ме чака същото, за да съм наясно как да устоявам, как да излизам от такива състояния.

Помня го танцуващ насред стаята с усмивка, която насила измъкваше от себе си и хриптеше: „Сега трябва да се веселим! – и започваше да подскача, като дете и да пее „ла-ла, ла-ла-ла!"... Той знаеше, че трябва да излезе от това състояние, защото след десет минути започва урокът.

Спомням си го, легнал с лице към стената. И такова се е случвало.

Лежи, като дете, свил колената си и кръв обливаше сърцето ми, когато го виждах в това състояние. Но да му помогна не можех. Така лежеше пет, десет минути концентрирайки се и физически, и вътрешно, намирайки се между небето и земята. А когато след няколко минути ставаше, беше друг човек. Отваряше книгата и се вглъбяваше в нея вече осъзнато...

Паденията на такъв кабалист са огромни, но са винаги падения преди подем. Той знаеше това и винаги беше готов за тях.

/"ШАМАТИ" - "ЧУТО"/

И така, возя РАБАШ в колата и разбира се не се удържам, и много често го засипвам с въпроси.

Той отговаря, усещам, че не му се иска да мълча, харесват му въпросите. А те са остри: за свободата на волята, за това, че ако Твореца е единствен, то защо съм създаден от две сили и така нататък...

И веднъж, когато съвсем се разкъсвах от болка, че не разбирам, не чувствам и не мога така да живея, той ме спря. Точно като пристигнахме вкъщи ми каза: „Почакай, ще ти дам нещо".

Качи се горе. Аз чаках в колата. Донесе измачкана тетрадка и ми я подаде. На нея беше написано „Шамати" - „Чуто". Каза ми: „Прочети я, това е нещо, което съм записвал".

Погледнах в тетрадката и всичко разбрах. Видях само първата страница - „Няма никой, освен Него" и почувствах как сърцето ми заби. Прочетох първия абзац и то заби още по-силно. Не продължих да чета, втурнах се към книжарницата, преснимах цялата тетрадка и когато усетих, че е в ръцете ми, чак тогава се успокоих.

Прибрах се вкъщи в Реховот, не отидох на работа, затворих се в стаята и започнах да чета: „Чуто в първия ден на Итро (6 февруари 1944 г.) – прочетох и разбрах, че това е чуто от РАБАШ, а е казано от Баал Сулам. И аз държах в ръцете си тези записки.

Дори само това ме доведе до вътрешен трепет. А какво остава по-нататък, като продължих: "Казано е: „Няма никой, освен Него", което означава, че няма никаква друга сила в света, която да има възможност да направи нещо против Твореца" - усещането беше такова, че пред мен се разкриват тайни, скрити с векове от всички, че точно това съм търсил цял живот, ето го – разкриването на Твореца на човека в този свят...

Продължавах да чета: „А това, че човек вижда, че в света има неща и сили, отричащи съществуването на Висшите сили, причината е, че такова е желанието на Твореца..." - това преобръщаше разума. Получава се, че сам Твореца обърква човека?! „И това е метод за поправяне, наречен „лявата ръка отблъсква, а дясната приближава" и това, че лявата отблъсква, влиза в рамките на поправянето. Това означава, че в света съществуват неща, които от самото начало идват с намерението да отклонят човека от правия път и да го отблъснат от светостта...".

Всичко това за мен беше откритие. Пробив в ново, абсолютно непознато състояние. Това беше изясняване с мен самия. Никога не бях чувал нещо подобно от РАБАШ, още по-малко от Хилел. Как е могъл Ребе да скрие това от всички?!

/"ТЕ НЯМАТ ЛЯВА ЛИНИЯ"/

Четох целия ден и практически цялата нощ, пристигнах на сутрешния урок с „кръгли очи", развълнуван.

РАБАШ веднага усети за какво става въпрос, но нищо не каза. Дадох му тетрадката, като си признах, че съм я преснимал. Не ми отговори и разбрах, че съм постъпил правилно.

Но защо я даде точно на мен? Съвсем скоро стана ясно защо.

След няколко дни се подготвяхме да отидем до морето, седях, чаках РАБАШ и четях „Шамати".

Вече не можех да се откъсна от тези записки. Използвах всяко свободно време, за да се потопя в тях. Докато четях, не виждах и не чувах нищо – така ми въздействаха. Защото веднага усетих, че всичко, което е написано, е написано за мен. Сраснах се с всяка дума, с всяка написана строфа.

И ето, чакам Ребе, чета и не забелязвам как Хилел се приближава към мен. Стои зад гърба ми и виждайки почерка на РАБАШ – замръзва, пробягвайки с очи по редовете.

Обърнах се, чак като чух гласа му да вика Менахем, най-старшия ученик на РАБАШ, който е учил още при Баал Сулам. Той го извика, сочейки тетрадката в ръцете ми.

Говореха на идиш. Хилел каза:

– Виждал ли си тези записки?

– Не, но това е почерка на РАБАШ – отвърна Менахем.

– Да, именно - отговори Хилел и ме попита, - откъде имаш тази тетрадка?

Наивно отвърнах:

– Ребе ми я даде.

– Ама, как!? Как така?! – Хилел взе тетрадката и заедно започнаха да я прелистват, разменяйки си бързи реплики на идиш.

Вече не можех да разбера за какво говорят...

Бяха превъзбудени. Дори лицето на Хилел се промени, движенията му станаха нервни...

Изведнъж с крайчеца на окото си забелязвам как РАБАШ бързо се спуска по стълбите и тръгва право към нас. Веднага издърпа тетрадката от ръцете на Хилел, без да казва нищо ме хвана подръка и ме изведе на улицата. Още щом излязохме навън, се обърна към мен и рязко попита: „Защо им я показваш?

Кой те е молил да им я показваш?!"

И това го казва за тях, с които още при Баал Сулам е учил заедно!

Отговарям смутено:

– Хилел сам я взе. Видя Вашия почерк и я взе.

– Запомни, аз я дадох само на теб – твърдо каза РАБАШ. – А това означава: дръж я в себе си, скрий я и на никого не я показвай!

– Не знаех - смотолевих аз.

А вътре в мен изведнъж такава гордост се надигна, представете си, той я е дал само на мен! Не на тях, а на мен!

Но все пак любопитството ме мъчеше, не се сдържах и попитах:

– А защо не трябва да им я показвам?

– Защото те нямат лява линия - отговори РАБАШ. – Значи тези статии не са за тях.

И отново се надух от отговора му, защото логично разбрах, че тези записки са за такива, като мен и затова РАБАШ ми ги е дал. А това значи, че Баал Сулам ги е подготвял за такива, като мен... Какво толкова е различното в нас?! В мен?! Какво?

/ТЕ НЯМА ДА ЧУЯТ/

Изминаха няколко месеца, докато разбера какво означава „те нямат лява линия", както каза РАБАШ. Разбрах защо той показа статиите на мен, в нищо невярващия, с купища въпроси, с постоянно недоволство от себе си и Твореца.

Изведнъж се проявиха с особена яснота (по-рано не ги „виждах") следните редове от статията „Няма никой, освен Него":

„...И само на този, който наистина иска да се приближи към Твореца, дават помощ свише не позволявайки му да се задоволи с малко и да остане на нивото на малко, неразумно дете, за да няма възможност да каже, че слава богу, той има Тора и заповедите, и добрите дела, така че какво повече има да желае? И само, ако действително у човека има истинско желание, такъв човек получава помощ свише и винаги му показват колко той е лош в състоянието, в което се намира, тоест му изпращат мисли и разсъждения насочени против духовната работа. И всичко това е, за да види че не е в пълно сливане с Твореца."

Четях това и с всяка сричка разкривах величината на РАБАШ, който единствен! – е записвал казаното от Баал Сулам - „Чуто". И никой друг, освен него, не го е правил! Каква сила е трябвало да има – духовна, вътрешна, за да може да слуша баща си, всичко да почувства, да запомни (защото Баал Сулам не е давал на никого да записва), а после, като си тръгне, дума по дума да напише всичко в тетрадката. А се е случвало да записва не десетки, не стотици, а хиляди думи.

В това, че той наистина е запомнял дума по дума, в мен няма никакво съмнение.

Защото те са били близки не само като баща и син, но и като две стъпала на духовната стълба – единият е предавал на другия онова, което никой от останалите ученици не е чувал. И не е можел да чуе. Защото те не са имали, както каза РАБАШ, лява линия – у тях не е имало съмнения. Затова на въпроса „Има ли у мен любов към Твореца или не?", без съмнение са отговаряли: „Разбира се, че има!.."

РАБАШ казваше за такива хора, че макар да говорят за любов към Твореца, те 100% се намират в любов към себе си. Значи няма какво да поправят. Те нямат лява линия. Не за тях е говорил Баал Сулам и не за тях е „Чуто". Те няма да чуят.

/МОЛИТВА/

„А ако няма лява линия, то не може да има истинска молитва - така казваше РАБАШ. - Средната линия не се ражда от простия сбор на лявата и дясната. Тук е нужна висшата светлина. Тя идва като отговор на молитвата."

Получава се, че всяка статия в „Чуто" е молитва. Затова РАБАШ никога не се разделяше със своята синя тетрадка. Винаги беше с нас при всички пътувания. Винаги беше на масичката до леглото му. Много често виждах как я взима, оставя я да се отвори сама, прочита няколко реда и притихва, сякаш слуша.

Тя беше част от самия него. От сърцето му, от душата му. Беше неразривно свързана с неговия баща, а значи и с цялата верига велики кабалисти.

И когато една късна вечер през 1991 година в болницата той ми я подаде с думите: „Вземи я и се занимавай по нея " - аз разбрах, че се приближава нещо ужасно.

Той се раздели с нея, даде ми я, отиде си.

/ВЪЛШЕБНАТА КНИГА/

Прескачам няколко години, за да завърша разказа за „Чуто". РАБАШ почина, тетрадката остана у мен и почувствах страх – как е възможно това безценно съкровище, толкова важно за света да остане в тайна?!

Измъчвах се от съмнения, докато не реших, че не мога да я крия – светът трябваше да започне да се променя!

РАБАШ така силно искаше науката кабала да се разкрие на целия свят и хората да започнат да я изучават по статиите на Баал Сулам. Затова се реших и я напечатах, без да променям нито буква.

Тези статии са светлина без кли[28]. Това са разкрития и постижения на Баал Сулам и читателят винаги вижда написаното по нов начин, различно.

Всеки път на човек му се струва, че това не е същата статия, която е чел преди. Тя го пробужда, променя, изведнъж в него се разкриват някакви други пластове и той започва да

---

28 Кли ("съсъд") - поправени, пригодни за получаване на светлината желания, т.е. притежаващи екран (сила на съпротивление срещу егоизма), трансформиращ егоизма в алтруизъм.

чувства и мисли по нов начин - и в разума, и в сърцето. Става напълно различен човек. Тази вълшебна книга привлича висшата светлина, под въздействието на която човек се променя. Книгата го променя. Строи душата за разкриване на духовното и там той започва да усеща висшата реалност.

/ВСИЧКО ТОВА Е ЗА МЕН/

Аз, подобно на РАБАШ, се прилепих към тази книга, като към източник на живот. Точно така я почувствах – източник на живот!

Чаках моментите, в които мога да се върна към нея. Разбрах, че само тя ме подготвя за сън, също и за сутрешния урок. Събуждах се в два през нощта, напипвах я на нощното шкафче, прочитах няколко реда, после ставах, занимавах се с тоалета си, а тя вече живееше в мен, пробуждаше ме, повдигаше въпроси, но и утвърждаваше: „Няма никой, освен Него"... – с това сядах да я чета.

Пушех в кухнята, приготвях кафе, имаше още час до сутрешния урок – часът на „Шамати".

Четях: „Има три условия за молитва:

1. Да вярва, че Твореца може да спаси човека, без значение, че притежава най-лошите свойства, навици и обстоятелства, в сравнение с което и да е поколение...

2. Всичко, което е могъл да направи, е направил, а спасението не е дошло.

3. Ако Твореца не го спаси, по-добре смърт, отколкото такъв живот".[29]

Навън е нощ. В къщата е тихо. Едвам се чува тиктакането на часовника. Аз шептя редовете на „Шамати" и просто усещам как влизат в мен:

„Молитвата идва от усещането на загуба в сърцето: колкото по-голямо е усещането на отсъствие на желаното, толкова по-силна е неговата молитва. Защото копнеещият за излишества се различава от осъдения на смърт, чакащ изпълнението на присъдата и прикован във вериги, всеки миг, на когото е молитва за спасение. И няма да заспи той и да задреме, а неуморно ще моли за спасението на душата си." Колко сила има в тези редове! Колко болка и желание?! Така би ми се искало тази

---

[29] "Шамати" (Чуто), статия 209, "Три условия за молитва»

молитва за спасение да се превърне и в моя молитва!

Помня, когато вече се преместих в Бней-Брак, РАБАШ разхождайки се по улицата, видял светлина в прозореца ми. Почакал, докато изляза от вкъщи, хвана ме за ръка и попита: „Защо ставаш толкова рано?" Отговорих: „Готвя се за урока, чета „Шамати"".

Няма да забравя как ме погледна, как мълчейки крачехме по улиците на нощния Бней-Брак, как стискаше ръката ми, сякаш сключва съюз с мен.

Точно в този момент още една преграда между нас беше свалена. „Шамати" ни сближи.

РАБАШ почувства, че тези негови записки са толкова важни за мен, колкото бяха и за него. Че цялата си работа строя върху тях, че не ми е нужен друг живот, а само този, точно такъв, редом с него...

И той започна да се отнася към мене не само като към ученик, а и като към другар, като към син. Неведнъж ми казваше: „Ние с теб сме другари. Двама – това е много, ние вече сме група".

Но с всяка следваща година ще разбирам все повече от онова, което РАБАШ е мислил за мен...

/ЕТО КАКВО ЩЕ РАЗБЕРА ЗА СЕБЕ СИ.../

Преди няколко години, заедно с един от учениците ми, Дорон Голдин, отидохме на шива[30] при моя близък приятел Джереми Лангфорд, с когото заедно учехме при РАБАШ. Шивата беше по повод смъртта на неговата жена Яел, която добре познавах. Там срещнах Шимон Итах, брат на Яел. Той беше най-младия от всички в нашата група – 20 годишен младеж.

Седим, разговаряме и изведнъж Итах казва:

– Знаеш ли, спомням си един случай, не съм ти разказвал за него. Ти се беше сдърпал с РАБАШ и не отиде с него до морето.

– Да, наистина, имаше няколко такива случая - отвръщам.

– Аз отидох тогава вместо теб - продължи Итах. – Помня как стояхме с РАБАШ на брега, точно преди да влезе във водата и го питам: „Ребе, а за какво ви е нужен Михаел? Оставете го. Защо през цялото време сте заедно с

---

30 Шива – траурна церемония продължаваща седем дни. В нея участват близки роднини на покойния; баща, майка, братя, сестри, синове, дъщери, съпруг, съпруга.

него?" И знаеш ли какво ми отговори?... Каза: „Защото Михаел има особена душа. В него има много силна точка на истината. Затова се занимавам с него."

Седях, мълчах, не знаех какво да отговоря. Изведнъж усетих, че сякаш стоя пред РАБАШ, сякаш – ето го пред мен и аз, както винаги, се опитвам да уловя всяка негова дума. Тогава разбирам, че РАБАШ е говорил не за това, че имам голяма душа, не, а за това че през цялото време ме изгаряше отвътре стремежът за разкриване на Истината, болката, че още не съм я достигнал. Разбирах прекрасно, че всичко, което се искаше от мен, е да се държа със сърцето, именно със сърцето! За този велик кабалист и да благодаря на съдбата, на Твореца, че ми се падна такъв щастлив билет, това велико щастие да бъда редом до РАБАШ. Никога няма да се уморя да го повтарям.

/НИЕ
СМЕ ГРУПА/

Това че постоянно бях с РАБАШ, нямаше как да не окаже влияние на отношенията с другарите. Не им беше лесно да приемат този факт. Говорих за това с Учителя, но той имаше друго мнение по въпроса. Отговаряше ми еднозначно:

– Ти трябва да си до мен.

Вече е Песах, празник, който за него беше без компромиси, винаги го е провеждал сам, не допускаше никого до себе си и всички го знаеха.

А сега ме взе с него в пустинята, за да изгорим подквасения хляб[31].

(Така ще бъде и във всички следващи години. Понякога синът му – Хезкел, ще се присъединява към нас, но по-често ще сме само двамата.)

Огънят гори. Аз притихвам до РАБАШ. За мен това е велика чест. Само с какво вътрешно напрежение правеше всяко движение! В това „просто" действие – изгаряне на подквасения хляб, което за повечето хора е само външно, за него беше изгаряне на цялото му его, на целия му живот, който не е насочен към Твореца. А самият „Песах" е отделяне от земното, преход във висше измерение, още една духовна степен, на която той се издига и която придобива в ожесточена борба със себе си.

---

[31] **Подквасен хляб,** намерен след почистването, е прието да се изгаря. „Изгаряне на подквасения хляб" символизира решението на човека напълно да се освободи от своя егоизъм и да постигне Висшия свят. Човек "изгаря" своите егоистични желания, превръща ги в прах, за да не могат отново да се пробудят в него.

Мълча, страх ме е да не му попреча, не дишам. Но ме разкъсва един и същи въпрос. И го задавам, веднага след като всичко приключва. Не мога да се въздържа: „А кога ще достигна това на практика?! Кога не просто ще изгарям парче хляб, а ще мога да се освободя от този мой враг, от гордостта, самолюбието, егото?! Кога?!"

На този мой вик на душата РАБАШ не отговаря. Гледа ме почти с насмешка и това предизвиква бурно негодувание в мен! Как може, аз почти плача, толкова съм искрен, от сърцето си викам към него, а той...

Ще мине малко време и ще разбера, както винаги, че е прав. Ще разбера, че в този момент той мисли именно за мен. Иска моят вик да се превърне в молитва.

/ПЕСАХ СПОРЕД РАБАШ/

След това РАБАШ ме покани на обяд и аз нагледно видях какво означава Песах според Баал Сулам и РАБАШ – беше нещо, което не се поддава на логиката. Тенджери, чинии, чаши, лъжици, вилици... Всичко беше или ново, или се използваше само веднъж, слагаше се настрана и се измиваше чак след Песах. Кранове, месомелачки, всички предмети изработени от желязо, бяха заменени.

Храната - много семпла и ограничена. Сол, само че доставена от Мъртво море и точно от мястото, от което е била доставяна и за Баал Сулам. Нямаше никаква пластмаса, а тогава вече се използваше навсякъде.

В Песах РАБАШ беше „недосегаем". Създаваше около себе си забранена зона, като минно поле, през което никой не може да мине. Стоях отсреща и се страхувах да направя и едно грешно движение. Ядях внимателно, като птица, държах ръцете си високо и едва докосвах вилицата до храната. Ето такава атмосфера цареше в стаята.

Естествено, следната мисъл не ми даваше покой: „Нима е толкова важно външното изпълняване на празника? Защо да се влагат толкова сили и средства във всичко? И най-важното, защо му е това на кабалист, който презира външното?.."

Бях млад, егоистичен, всичко предизвикваше в мен вътрешно съпротивление. Но точно заради това отговорът, който получих ме убеди: когато изпълняваш всички тези действия, тогава усещаш колко силно са против твоя егоизъм. Това го почувствах и още как! А Песах олицетворява подем над егоизма, тук започва духовното издигане. Когато с всяко свое действие, изпълнявайки нещо просто – отделяш егоизъм от себе си, откъсваш го с месото.

За кой ли път отново разбрах, че във всичко трябва да следвам РАБАШ. Също като него над всякаква земна логика да изпълнявам тези нелогични действия. През цялото време да се опитвам, точно като него да обличам върху тях духовно намерение.

/КАФЕЕНОТО ЗЪРНО/

В това свое решение се удържаш известно време, промиваш се с мисълта, че всичко в нашия свят са клони на духовните корени, но те вече се отнасят към егоистичното желание. Затова напълно трябва да ги отсечеш в Песах... И ги „отсичаш" - седиш и подбираш кафеени зърна. Купувахме кафето зелено, първо го сортирахме, като внимавахме да няма никакъв недостатък, никакви буболечки и чак след това го печахме, мелехме и пиехме.

И ето, сортираш тези зърна, сортираш, сортираш... и изведнъж усещаш, че повече не можеш.

Помня, че точно тогава се "пречупих". Отпуснах се на облегалката на стола и с ненавист гледах на планината още несортирани зърна, пушех цигара след цигара и си мислех: "Що за глупост е това, пълна глупост!.."

Точно тогава се приближи РАБАШ, седна срещу мен, взе едно зрънце, поднесе го към очите си и каза: "Аз седя и проверявам зърната, тези малки зрънца кафе. Проверявам ги изключително внимателно, изключително!.. Искам те да бъдат чисти и хубави, за да може кафето, което ще се получи от тях да го изпият моите другари - остави зрънцето настрани и взе друго. – А ето това зрънце проверявам за моя учител - каза и ме погледна. – Моят учител много обича кафе. И правя това заради него."

Беше много тежък урок, много! Какво почувствах? Срам. Всичко вътре в мен гореше! А РАБАШ стана и се отдалечи.

Аз се заех със зърната. Думите на РАБАШ звучаха в мен, всяка дума.

Но това продължи само няколко минути.

Сътресението премина и отново не можех да се заставя да продължа!

Почувствах неземни препятствия.

Ако когато пристигнах в страната, ми бяха казали: „Сортирай кафе и ще ти платим", щях да се съглася и да го правя правилно и добре.

А сега заради Учителя, когото смятах за велик, за най-великия!.. Стоя и не мога да помръдна.

И разбирам, че тук вече се намесват неземни препятствия.

/КОЛКО ТЕЖКО МИ БЕШЕ!/

Да си близо до кабалист е много тежко.

Да си и ученик, и помощник, и да учиш от него, и да се грижиш за него... Понякога е непоносимо тежко.

Постоянно сте заедно, виждаш го във всичките му проявления и ето че земната картина скрива неговото величие. Струва ти се, че той е обикновен човек със своите нужди, слабости и навици, като всички.

Мисълта: „Но с какво той се отличава от другите?", просто те убива, не ти дава покой! Спомням си колко усилия са ми били необходими понякога, за да устоя и разбера, че пред мен е велик кабалист, „последният от мохиканите", че такива повече няма да има.

РАБАШ беше невероятно обикновен и открит в целия си материален живот.

Не оставяше никаква възможност на хората около него да му оказват уважение.

Не се правеше на АДМОР[32], който трябва да привлича към себе си и да води обществото, защото обществото беше длъжно да цени такива хора, да им целува ръка, да ги нарича големи Равини. РАБАШ ненавиждаше това. Той дори се държеше противоположно.

---

32 АДМОР – така се нарича духовния водач при хасидите. Абривиатура от думите „адонену морену ве-рабену" (господин, учител и наставник наш).

/„НИЩОЖНОСТТА" НА КАБАЛИСТА/

Като кабалист, той чувстваше собствената си нищожност: „Кой изобщо съм аз и какво има у мен?" - ето това показваше на другите.

Оценяваше себе си спрямо Твореца, затова неговото лично усещане беше: „Аз съм нищо – прах и пепел". И това се усещаше от всеки, който беше близо до него.

Не го правеше преднамерено. Не построяваше тази външна простота умишлено. Той действително чувстваше себе си по този начин. В постоянен контакт с могъщата управляваща сила (наричаше го „да стоя срещу Твореца") разкриваше съвършенство и вечност. В това сравнение няма как да не се чувстваш нищожен.

Когато му задавах въпроси по този повод, ми казваше: "Сега си представи колко трудно ми беше да бъда до своя баща…

Защото той ми е баща. А тук за теб, в крайна сметка, съм някой чужд. С чуждия можеш да се постараеш да достигнеш особени отношения, а бащата си е баща.

Чувстваш, че те обича и тази абсолютна любов на бащата към сина, ти отнема и последната възможност да направиш нещо. Защото можеш нищо да не правиш и той въпреки това те обича. Сякаш те лишава от задължението да се отнасяш към него по специален начин."

/ТОЙ МИ ОТНЕМА СИЛИТЕ/

РАБАШ постоянно ме объркваше. "Отнемаше" ми силите да се отнасям към него по различен начин, не като към останалите. От една страна, ме беше приближил до себе си, както висшия приближава нисшия. Грижеше се, като за дете, отглеждаше ме, а от друга страна, ме превеждаше през състояния, които тогава ми се струваха жестоки. Не го разбирах, вътрешно възставах срещу него, а той ме гледаше и казваше: „Разбирам, че всички нещастия в живота ти се случват заради мен".

Както по-късно разказа рабанит Фейга[33], той ѝ е казвал, че предварително знае всичко за мен, знае, че няма да се успокоя и ще изведа кабала от нашата учебна стая в целия свят.

Той го искаше. Заради това ме отглеждаше.

Затова ме учеше да ходя, не позволявайки да се ползвам от неговата сила, от неговото величие. Показвайки своята нищожност, пред-

---

[33] **Фейга Ашлаг** – доктор по специалност, няколко години се е грижила за парализираната жена на РАБАШ. Била е негова предана ученичка. Впоследствие става втората му жена.

извиквайки даже пренебрежение. И всичко това, само за да ме насочи към Твореца. За да искам сили от Него.

/ЗАЩО НЕ СИ МОЛИЛ?!/

Помня как по време на една от разходките ни в гората Бен Шемен, бях много ядосан на нещо. Май на целия свят! Започнах да бълвам без да се въздържам, че всичко наоколо е лошо и всички са лоши, а аз не се придвижвам и всички усилия са хвърлени на вятъра...

РАБАШ не ме прекъсна, гледаше ме, слушаше и когато се спрях, каза:

„А защо не си молил?"

Стъписа ме. Изведнъж разбрах, че бях изпълнен с този яд и не молех, а изисквах всичко около мен да се промени. Всичко, само не и аз.

„Защо не си молил?" - това беше за него толкова естествен въпрос. Защо човек не моли за поправяне? Не на другите около него, а на себе си? На собствения му егоизъм, който го изяжда? Крещи, възмущава се... и не моли.

Не разбира, че само в това е цялата работа. В това да почувстваш, че врагът е в теб и единствено с него трябва да водиш битка. А в същото време "няма никой, освен Него" и само обръщението към Твореца е ефективно. Но то трябва да бъде от сърцето, не спрямо написаното, не молитва заучена от книгите – не, а от разбитото сърце.

Виждал съм как го прави РАБАШ. Правеше го през цялото време.

/РАБАШ И КОЦК/

Затова изобщо не се съмнявах, че РАБАШ говори искрено, когато казваше, че ако се беше родил по-рано, то щеше да замине за Коцк при Раби Менахем Мендел[34].

Тази кабалистична група прилягаше на твърдия му характер, необятното сърце, огромния екран. Той щеше да се впише там, като никой друг. Живеейки само в името на Целта, измервайки себе си единствено спрямо Нея.

---

34 Коцк (полски Kock) – град в Полша, в който през 1829 г. се е създала известната хасидска кабалистична група, ръководена от Раби Менахем Мендел от Коцк.

Коцк беше точно за него. Отчаяна кабалистична група, в която са се събрали онези, които са искали „да превземат Твореца с атака." Живеещи гладувайки в комуна. Преживявайки всеки ден, като последен. Отнасящи се един към друг твърдо, умишлено показващи уж своето лекомислие и пренебрежение към духовното, за да имат възможност за повече работа. Такива търсеше той – отчаяни.

На РАБАШ му прилягаше и казаното от Раби Менахем Мендел: „Няма нищо по-цяло от разбитото сърце, няма по-пронизителен вик от тишината."

Така искаше да живее РАБАШ. Така и живееше.

Да, случваше се да настъпва тишина...

/ТИШИНА/

РАБАШ се отключваше внезапно.

Гледах отстрани и не разбирах как е възможно такова „отключване"? Само преди миг е действал и атакувал без да жали себе си и изведнъж тишина. Изведнъж е никой и нищо.

Завършваше някакъв период на развитие и той притихваше. Нищо не искаше да чете, нито да слуша, нито да вижда... Това можеше да продължи няколко часа.

Помня как пристигайки при него, го виждам да седи на края на стола с гръб към слънцето, като замръзнал. Даже се изплаших, внимателно се приближих, той ме погледна и каза: „Вземи стол". Аз взех. „Седни" - седнах, като него. „Да поседим" - промълви.

Седим. Десет минути, петнайсет минути... Той мълчи и аз мълча. Мисля си: „А сега какво?" Но не задавам никакви въпроси.

Спасява ни това, че пушехме. Запалваш цигара и вече се усещаш малко по-различно, играеш си с цигарата, вдишаш – издишаш. Ето така седяхме, пушехме и мълчахме може би час. Разбрах, че главното в такива състояния е да чакаш, да се притаиш.

Наблюдавах как го прави РАБАШ. Защото ние имаме работа не с тялото и не с човека, а с желанието. То трябва да се отработи до най-голямата си дълбочина и в цялата си висота. Тогава достигаш до състояние, когато се намираш на нивото на неживата материя, сливаш се със земята, с камъните, прикован, пуст. Чакаш, притаяваш се... До мига, в който като стръкче от камъка започва да израства ново желание. Тогава отново можеш да вдишаш, да станеш и продължиш атаката към Твореца.

Ето така пушехме, палейки цигара след цигара, докато в един момент той се пресегна към нощното шкафче, взе синята си тетрадка, отвори наслуки и зачете: „Човек няма право да се освободи от тази работа, а е длъжен да достигне до такава собствена нужда и стремеж към „лишма"[35], които да се превърнат в молитва, защото без молитва това не може да бъде достигнато."

---

[35] "Лишма е намерение заради Твореца..." "Шамати" (Чуто), статия 20, "Лишма"

/ПРЕДИ ПРОБИВА/

А сега ще разкажа може би за основното събитие в живота на РАБАШ.

Бях с него вече около две години. Внезапно почувствах, че той е натъжен. Групата ни беше малка, шестима старци и няколко по-млади... Ние така да се каже се варяхме в собствения си сос, имаше нужда от приток на свежа кръв, но никой не идваше.

Често той ми разказваше, че Баал Сулам е бил готов да говори на камъните, само за да има кой да го слуша. И ето, минали са години, РАБАШ продължил неговото дело и какво?! Същите тези престарели ученици и няколкото млади от нас, като добавка. Това е всичко. Нима така и ще остане?

На кабалиста не е дадено да определи точно кога ще дойдат да се учат масите и то не старци, а младежите. Кабалистът определя тенденцията. Той знае със сигурност, че така ще стане, че кабала без съмнение ще се разкрие на света, но кога?... Възможно е и да не е скоро, възможно е дори да не е по време на неговия живот...

Особено в този период се стараех да не го оставям сам, защото чувствах, че съм му нужен. Неведнъж ми е давал да разбера: „За мен е важно да си до мен." Често по време на големи събирания, празници, сватби, когато около него седяха много роднини и хасиди, аз виждах как ме търси с поглед, намира ме и и се успокоява.

Дори по-късно някак се осмелих и го попитах дали усещането ми, че той иска да види тук ли съм или не, е било вярно?

Отговори ми: „Да, за мен е важно да те видя – и добави, - от времето в болницата е важно ти да си до мен".

/НИЕ СМЕ ОЩЕ ПО-БЛИЗКИ/

Затова ми каза: „Премести се". До този момент не ми разрешаваше. Живеех в Реховот, размотавах се тук-там в Бней-Брак и обратно. Често оставах да нощувам в учебната зала, защото ако вечерта сме били на някоя сватба или друго събитие, от които се връщахме към 11 часа през нощта, то можех да се добера до Реховот чак в 12. А след два часа вече трябва да ставам, за да съм в три на урока. Никакъв смисъл нямаше да се прибирам вкъщи, затова оставах да спя на скамейката. Така минаха години. И жена ми най-после се съгласи, виждаше, че половината от деня ми минава в пътуване, че физически съм изтощен, но РАБАШ казваше: „Още не е време". Искаше да полагам усилия. На младини самият той е работил тежко в строителството на пътища и сгради и е учил нощем. Винаги и във всичко се е влагал докрай. Това искаше и от мен.

До този момент не ми позволяваше, а сега се съгласи и каза: „Вече е време".

И не само се съгласи, а сам ми намери апартамент близо до своя на улица „Рав Ами" 5.

Оставих печелившия си бизнес, напълно се освободих от него, за да няма нищо, което да ме дърпа назад, продадох двуетажната си къща в Реховот и се преместих. Като днес помня това свое решение да не взимам със себе си нищо от миналото, което би могло да отвлече мислите ми от целта.

Изгорих всички мостове, защото разбрах, че ми е даден шанс, един единствен шанс и аз не мога да го пропусна. Да си редом до велик кабалист, да се прилепиш към него, да живееш неговия живот.

Никога, дори за секунда не съм съжалил за решение си. Защото то ми позволи още повече да се сближа с РАБАШ, това не може да се купи с никакви пари. Закупих и автомобил, който да е удобен за него – високи седалки, място, където може да се сложи книга, поставка за чаша.

Той знаеше, че всичко е заради него... разбираше защо го правя. Исках с помощта на сливането с Учителя, поне нещо, капка по капка да потече към мен от великата му душа към моята все още млада. Толкова исках да се науча да отдавам, като него, завиждах му, молех, умолявах го да ми помогне.

Неведнъж сънувах следната картина: двамата заедно оставаме сами в цялата природа, в световете, вътрешно свързани, уединени, отделени от всички...

Отвлякох се, исках всъщност да разкажа за онова „неочаквано" събитие, което преобърна живота ни.

/МОЕТО ПРЕДЛОЖЕНИЕ КЪМ БЕРГ/

Съобщават ми, че рав Берг е пристигнал от Америка и иска да се срещнем в неговата сука, беше по време на празника Сукот.

Познавах Берг, дори бях взел от него няколко урока, преди да отида при РАБАШ.

Когато за първи път го срещнах, той вече беше на „гребена на вълната". Все пак желанието да направи от кабала бизнес, беше победило. Това го усетих чак на третия урок. Берг изведнъж започна да говори за „космически сили", какво е дясната ръка на човека, лявата и как да ги очистим със светлината на милосърдието... Не търсех мистика и не можех да я търпя. Извънземни сили също. Затова си тръгнах.

Но се разделихме като приятели, той даже ме е посещавал в Реховот, посрещали сме заедно шабат. Берг разбра, че подходът ми към кабала е напълно различен, че търся в нея наука, а не мистика и прие това с уважение.

И ето, съобщават ми от негово име, че иска да се срещнем и аз се посъветвах с РАБАШ дали да приема или не. Той ми каза: „А защо не?" Отговорих: „Но това е някак далеч от сегашното ми аз". РАБАШ продължи: „Неудобно е да откажеш".

Усещаше, че нещо ще се случи. И аз отидох.

Доколкото си спомням, мислех да се опитам да убедя Берг, все още не се бях разделил с надеждата да докосна „точката в сърцето" му, защото у него беше осезаема. Но не успях. Той изобщо не реагира. Каза ми: „Ние имаме своя методика и система". Тогава неочаквано му предложих: „Но може да разширим тази система. Мога да разкажа на твоите преподаватели какво съм научил при РАБАШ. Например, мога да прочета лекция по „Въведение в науката кабала"". Това го заинтересува и ми отговори: „Защо пък не".

Днес съм сигурен, че Берг е разбирал, че именно това не им е достигало, искал е неговите преподаватели да почувстват какво означава истинска кабала, какво е автентичната кабала по Баал Сулам.

/РАБАШ СЕ ВДЪХНОВЯВА/

Когато разказах на РАБАШ, той се развълнува. Ето тук отново видях какво означава истински Ученик на Баал Сулам. За тях двамата всяка възможност за разпространение на науката, беше празник, висш подарък, шанс даден от „небето", който не трябва да се изпуска. РАБАШ беше готов да премине с мен всички уроци и да отговори на всякакви въпроси. След това по средата на лекциите в центъра на Берг, ми звънеше и питаше: „Е, как е? Слушат ли? Разбират ли? Премина ли с тях вече второто съкращение? Стана ли им ясно всичко?"

С една дума, започнах да преподавам веднага след празника, всяка сутрин. Мои студенти бяха самите преподаватели на този „Институт по кабала" на Берг. Около 12-14 човека, трима от тях познавах – Джереми Лангфорт, Йоси Гимпел и Шмуел Коен. Всички млади, трийсетгодишни мъже, пълни със сила и желание.

Както обещах на Берг, започнахме с „Въведение в науката кабала". После, когато видях, че всички са сериозни, с копнеж към истината, представих „Шамати" и заговорихме „с душа".

Неочаквано те се запалиха. Никога не бяха чували нещо подобно. Първоначално седяха мълчаливо, попивайки, а после започнаха да задават въпроси и то по същество.

Веднага след лекцията се връщах при РАБАШ и всичко му разказвах с най-малки подробности.

Как само се радваше, че кабала излиза от нашата малка задимена стая и стига до хората!

Не, той нямаше намерение да вербува никого, не кроеше „коварни" планове, не е искал тези 25-30 годишни мъже изведнъж да оставят всичко и да дойдат да се учат при него. Важното беше, че слушат! Задават въпроси! Опитват се да разберат!

/ЕТО КАК СЕ ПОЛУЧИ.../

Аз преподавах точно по РАБАШ. Всяко занятие разкриваше за тях нещо ново и учениците се увеличаваха все повече и повече. Към края вече наброяваха около четирийсе. За тях изчезна всичко излишно, повърхностно и се разкриваше кабала, такава, каквато е – без мистика, червени конци, светена вода и космически сили. Разкриваше се сериозна наука, тази кабала те не познаваха. Затова се огорчиха. Осъзнаха, че са пропилели времето си за нещо погрешно.

Онова, което окончателно наклони везните, беше 17-то писмо на Баал Сулам[36].

То започва остро: „...Пътят на истината е много тънка линия, по която се издигат, докато не достигнат царския дворец. Но всеки, който тръгва в началото на линията, е длъжен много да внимава, за да не се отклони в дясно или ляво дори с дебелината на косъм. Защото, дори ако в началото неговата грешка е само с дебелината на косъм и дори по-нататък да върви действително направо, все едно, в ни-

---

[36] **Писмо на Баал Сулам** от 1926 г, "Плодовете на мъдростта. Писма"

какъв случай няма да достигне до Царския дворец..."

Всички бяха с истинско желание и затова веднага започнаха да нервничат. Разбраха каква дълбочина има зад всяка дума. Продължих да чета писмото по-нататък. Обяснявах всеки ред. Виждах колко напрегнато слушат, без да пропускат нищо. Края на писмото прочетох без всякакво разяснение, вече нямаше нужда от такова: „...Казано е: „Отворете ми вход с размера на иглено ухо, а аз ще ви отворя огромни порти." Отворът на иглено ухо е предназначено единствено за работа. На този, който се стреми единствено да познае Твореца, единствено заради работата, Твореца отваря вратата на света, както е казано: „И ще се напълни земята със знанието на Твореца"".

Приключих. Те мълчат, не задават въпроси. Взех си довиждане с тях и тръгнах. Вечерта у дома ме посети Джереми Лангфорт, първият от преподавателите на Берг. Оказа се, че е дошъл за преговори. Попита ме, дали РАБАШ ще го приеме. Отговорих: „Защо да не те приеме. Женен си, работиш, уверен съм, че ще те приеме." Той отвърна: „Тогава се мести при вас".

/РЕВОЛЮЦИЯ/

И ето че с Джереми първоначално започна поетапното идване на всички преподаватели на Берг, а след това и на другите ученици.

Вече казах, че РАБАШ нямаше за цел да отнеме учениците на Берг, а само да им обясни какво в действителност представлява науката кабала. И към това ме насочваше през цялото време. А после се случи, каквото се случи. Ако действително обясниш истински, то търсещият човек няма да пропусне възможността да поиска да разкрие кабала за себе си. И чест и похвала за тези мъже, че се оказаха именно такива.

Почти всеки ден идваха нови от тях. По време на сутрешния урок вратата се открехваше, някой ме викаше да изляза на улицата, където стояха тези странни за Бней-Брак момчета с дълги коси, облечени по телавивска мода и ми казваха: „Пристигнахме. Можем ли да започнем да се учим тук?" Отговарях: „Сега ще разбера".

Разбира се, РАБАШ прие всички. Оказаха се около четиридесет човека. За нашата малка група това беше революция.

/РЕВОЛЮЦИОНЕР/

Но основният революционер, естествено, беше РАБАШ. Той беше развълнуван и въодушевен, отдавна не го бях виждал в такова състояние. Усещаше го като второ раждане. Дълги години е мечтал да дойдат при него млади 25-30 годишни ученици. И ето, че дойдоха.

Представете си само, 77 годишният РАБАШ, прекарал целия си живот в Бней-Брак, в ортодоксална еврейска общност с всички забрани и ограничения, без страх да приеме за ученици нерелигиозни, светски „безбожници" и то от Тел-Авив. Без да се съобрази с нищо и никого. Не се побоя от „заплахата" на обкръжението, не „чу" категоричното искане на роднините: „Не ги приемай!" И ги прие!

А съпротивлението беше огромно. Наистина огромно! Роднини, познати и приятели категорично изискваха да не го прави. Не минаваше и ден без да се появят „доброжелатели" (явно изпратени от някого!), които да молят РАБАШ да преразгледа решението си. Да не приема тези ученици под никаква форма.

Бней-Брак не ги искаше. Но РАБАШ не се предаде.

Беше човек с огромна вътрешна сила и за него всеки, пожелал да се обучава в науката кабала, беше предпочитан пред останалите.

Виждах как се „решава" на това. Без да пресмята по какъв начин ще му се отрази, как ще погледнат на него, какво ще кажат. При нас идваха млади ученици и това беше главното!

РАБАШ действаше така, както не беше действал нито един кабалист преди него. Той вървеше към пробив.

/В КАКВО ВРЕМЕ ЖИВЕЕХМЕ.../

А живеехме в трудно време относно кабала. Както и преди не я приемаха. Вярваха на всички слухове и митове. Страхуваха се да се приближат.

Някои дори закриваха очите си с ръка, когато минаваха покрай сградата, където учехме, да не би случайно да прочетат названието „АРИ - Ашлаг".

Да не говорим и за това, че никой никъде, даже безплатно не искаше да вземе поредицата на Книгата Зоар с коментарите на Баал Сулам.

Помня как ги товарех на колата и ги предлагах навсякъде. Не ги искаха. Казваха: „Няма къде да ги сложим." Аз им репликирах: „Но вижте колко празни рафтове имате". Отговорът беше: „Тези книги не могат да стоят пред погледа на всички". А когато все пак на едно място ги приеха, така се зарадвах, сякаш получих подарък, за който цял живот съм мечтал. Направо полетях обратно към РАБАШ, за да му съобщя, че на някой му е нужен Зоар! Но не успях дори да седна в колата, когато собственикът изскочи на улицата с целия пакет и каза, че е размислил и по-добре да си ги взема обратно.

Ето какви бяха времената! Днес кабала е на всяка крачка, представяна с километри материал в интернет, а по-рано се пазеха дори от самата дума.

Спомням си, още до идването ми при РАБАШ, че през 1977-1978 година специално ходих до Йерусалим в единственото малко магазинче, което се намираше в един сутерен на „Кикар Шабат[37]". Там се продаваха кабалистични книги. Собственикът беше старец, който ги даваше доста скъпо – по 100,150 долара за том, докато в същото време всяка друга книга можеше да се купи за 3-4 долара. „Дървото на живота" на АРИ я купих от него за 300. На моя въпрос: „Защо е толкова скъпо?", той честно ми отговори, че тези книги никой не ги търси, страхували се, затова не можел да поръча голямо количество и бил принуден да ги поръчва на парче. По тази причина взимал за една книга, като за десет.

Отношението към кабала още дълго не се промени. Помня, че вече три години учех при РАБАШ, когато ми се наложи да извадя копие на ключ и отидох до ключаря в Бней-Брак. Докато му подавах ключа, видях как внезапно лицето му се промени.

---

[37] «Кикар Шабат" - (Събота Площада)

Пребледня пред очите ми, отскочи назад, протягайки ръце напред целия треперещ. Не разбирам какво става, а той пелтечи: „Моля ви, моля ви, махнете това нещо...!" И показва книгата, която държах в ръцете си и машинално бях сложил на тезгяха. Беше „Дървото на живота" на АРИ.

Веднага разбрах причината за страха му, взех книгата, извиних се и даже излязох, за да не го притеснявам повече. Между другото, изработи ключа ми светкавично.

Такива бяха времената само преди 40 години назад.

В такова време преподаваше РАБАШ, ето в това време аз доведох при него 40 млади ученици.

/НИКАКВИ КОМПРОМИСИ/

Той много искаше те да останат, мечтаеше за това! Но нямаше намерение да прави никакви компромиси. Защото касаеха тяхната духовна работа.

Веднага помоли да им съобщим за десетината.[38] Започнах да нервнича, опитах се да го убедя, като казах: „Ребе, още на втория ден да говорим за десетина на нерелигиозни момчета от Тел-Авив е все едно да им кажем: „Тръгвай си!““

Но РАБАШ беше непреклонен, поиска да им го съобщя.

---

38 Десетина (маасер) – отделяне от реколтата, добитъка и др. установено в Тора за нуждите на храма и други нужди. В кабала това е малхут, десетата част на душата, която не може да се поправи, затова не работим сами с нея, а просто я даваме. Даваме десетина от своя доход.

На него не му трябваха парите им, просто не можеше да си представи как е възможно да се занимаваш с кабала без да отделяш десятък. За него това беше онази част от душата, която е невъзможно да се поправи. Така че как ще допуснеш да не я отделиш?!

Аз с подкосени крака им съобщих: „Момчета, тази традиция идва още от древни времена. Този, който действително е дошъл, за да се развива духовно, трябва да го направи". Очаквах всичко, само не и такова всеобщо спокойно съгласие. За пореден път ми се показа, че е нужно да забравя заемната логика и разум, когато става въпрос за духовното. Те ясно почувстваха къде се намират и кой стои пред тях. Затова и за секунда не проявиха съпротива.

Но РАБАШ им беше подготвил не само едно изпитание.

Каза ми: „На ергени не мога да преподавам". И тук отново за кой ли път се „провалих на изпита". Помислих, че това вече със сигурност няма да стане. Млад мъж от Тел-Авив да поиска да загуби свободата си, няма как да се случи!

Разбира се за РАБАШ това беше още едно необходимо условие за придвижването на ученика – да бъде силно свързан със „земята".

Означава да работи, да е женен, да има деца... Баал Сулам не е допускал РАБАШ на уроците, докато не се е оженил.

Всичко това го знаех, но мислех, че времената вече са други и душите са други, че ниски души са се спуснали в света. Уверен бях, че на „оженете се", със сигурност няма да се съгласят. Съобщавам им. Те слушат. И се съгласяват.

От този момент започваме да правим сватби.

Една след друга! Имаше период, когато се организираха по две сватби на седмица. Така оженихме всички. А когато от уважение към традициите в Бней-Брак, те дори се облякоха по „местната мода", разбрах, че е настъпило ново време.

/ДЕСЕТКИТЕ/

И закипя живот.

Този млад „хисарон[39]" искаше напълване. Новите ученици жадно попиваха всичко, което РАБАШ обясняваше на уроците, потапяха се

---

39 Хисарон – излизаща от сърцето потребност за напълване на недостига (отсъствие) на желаното. Недостига на единство, отсъствие на чувството на сливане на всички противоположности и тяхната взаимна поддръжка.

в книгите, пред тях се разкриваше истинската наука.

РАБАШ ги разпредели по групи. Помня, че ме помоли да чета имената им и да разказвам по нещо за всеки, какъв е характерът му, отдавна ли се занимава. Тук нямаше никаква формалност, във всяко от решенията на РАБАШ имаше дълбок смисъл.

Разпредели ги в три групи, така наречените „десетки", но по 15-16 човека. (Мен ме сложи в десетка от шест човека, така беше решил). Във всяка имаше ръководител. Освен това, РАБАШ въведе регулярни събрания на другарите и всички се готвеха за тях много отговорно.

/ТОВА ЖИВЕЕШЕ В НЕГО/

Ето че се разхождаме заедно в парка и РАБАШ ми казва:

– Трябва да поговориш с тях преди събранието на другарите. Разкажи им какво представлява, каква е ролята му, защо го провеждаме, как нужно да се организираме заедно.

Отговарям му:

– Но аз не знам как да се организираме. Нима съм се обучавал на това? Ние двамата заедно се разхождаме в парка, разговаряме. За личната духовна работа мога да говоря нещо, за онова, което съм преминал, което съм чувал от Вас, но как да организирам духовна група не знам. Страхувам се да не се окажат празни приказки.

Той се замисли и тогава добавих:

– Може би Вие ще напишете?! А аз ще говоря по написаното от Вас?

Откъде ми дойде тази радостна мисъл?! Ясно откъде! И точно навреме! Помня как той ме погледна... Стояхме един до друг на пейка в парка „Ганей Ешуа[40]", дори днес ще я намеря със затворени очи. Ето, той седна на тази пейка, извади химикалка, освен това, винаги имаше в себе си малък бележник за половин шекел, в който записваше какви покупки трябва да направи. Та, извади химикалка, бележника... върти в ръце този малък бележник, какво може да напишеш в него?!

Тук разбрах, че това е съдба. Не бива да пропускам този случай. Извадих пакет цигари,

---

[40] Парк до река Ярон в северна част на Тел-Авив

разкъсах го и измъкнах хартията в която бяха опаковани, обърнах я от бялата ѝ страна, подложих под нея книгата „Врата на намерението" и ги подадох на РАБАШ.

Помня всичко в най малки подробности, точно защото това са най-важните моменти от живота ми. И не само от моя. Бих казал, че от този момент започна ново отброяване на времето.

Ясно си спомням как РАБАШ се замисли, буквално за миг и започна да пише: „Ние сме се събрали тук, за да поставим основите за построяването на група, обединяваща всички, които искат да вървят по пътя на Баал Сулам. За да се издигнат на степента на човека..."

Той пишеше без да спира, а аз надничах над рамото му и четях ли четях... От само себе си възникваха в мен въпроси, които по-късно бурно обсъждахме пред събранието на другарите: какво означава „да се съберем", какво е „методика на Баал Сулам", какво означава „степента на човека"?...

А той продължаваше да пише: "...Затова ние се събираме тук, за да основем група, за да следва всеки от нас духа на отдаване на Твореца".

/ТОЗИ ВЗРИВ СЕ ПОДГОТВЯШЕ/

Първите статии на РАБАШ се родиха върху опаковъчна хартия...

Те са живели в него и само са чакали случай, за да излязат навън.

Дълги години РАБАШ е преподавал в малка стаичка в покрайнините на Бней-Брак и през цялото време е пазил в себе си тези съкровища, подготвял е мислено тези статии, но не ги е написал до този момент. И ето, дойде време да се появят и се получи така, че аз неволно станах свидетел и инициатор. Обаче онова, което ме порази, е че това бяха статии за група!

Често си мислех, откъде човек притежава такова остро усещане за необходимостта от група, когато практически той не е имал такава?! Увереността, че само тя може да доведе човека до връзка с Твореца?

Как е било възможно да види в „Учение за десетте сфирот", зад схемите, сметките, световете, тази важност на групата и другарите?! Не, аз изобщо не очаквах това. А РАБАШ настоятелно продължава:

„...Как човек е възможно да получи това ново свойство – желанието да отдава?.. Все пак то противоречи на природата на човека... Съществува само един изход – да се съберат няколко души, у които има тази малка възможност да излязат изпод властта на егоизма, да се съберат заедно в една група при условие, че всеки от тях трябва да мисли за това как да се издигне над своя егоизъм[41]...""

Днес разбирам, че този „взрив" се е подготвял не само през досегашния му живот, но и в течение на всичките ни разходки, разговори, изяснения, въпросите, които предизвикваше в мен, състоянията, които преминавах и които споделях с него. Питах го какво се случва с мен, как трябва да постъпя, как да се отнасям към това? И той отговаряше.

Често когато препрочитам тези статии сам или със своите ученици, просто виждам ситуацията, която е породила тази статия, или чувам нашият разговор с него в парка, когато сме говорили именно за това.

---

[41] РАБАШ "Любов към другарите (2)" 1984 г.

А ето тук, споделям с РАБАШ онова, което съм почувствал на урока или какво се е случило в групата. "Какво да правя? Как да продължа?" - питам го.

Той ми обяснява. И тези обяснения виждам в статиите.

Понякога моите ученици ми казват: „Ако тогава имаше видеозаписи, колко богати щяхме да сме днес".

Не, РАБАШ не би се съгласил да се снима. Видеото не беше за него. Но статиите, книгите – това беше познат свят, свят, с който беше свикнал.

Баща му цял живот е писал, великите кабалисти от всички поколения са оставили своите записки и книги. РАБАШ усещаше високите духовни корени на написаното.

Кой, ако не той, знаеше какво са буквите. Именно написаните. Съчетанието на вектори и сили. Комбинации на светлини. Буквите звучаха в него, съединяваха се в думи и той ни даваше в своите статии безценна информация.

Казано е: „Твореца е създал света с буквите". РАБАШ също като Твореца създаваше свят, вдъхвайки във всичко написано с тях огромното си желание да доведе света до отдаване, до Твореца.

/И СЕ ЗАПОЧНА!../

В началото на следващата седмица го помолих за статия за поредното „събрание на другарите". Бях поумнял и носех снопче листи. Той не се възпротиви. Искаше да пише.

Всяка седмица пишеше статия.

В началото обсъждаше с мен някои неща, а после тръгна след своето вътрешно усещане. То никога не го е подвеждало.

Чувстваше всичко – всеки човек, защото беше преминал през всичко, събрал в себе си бедите на хората, преживяванията, страданията... Затова често чувам, прочитайки неговите статии да казват: „Но това е за мен! Откъде той го знае?"

/ТОЙ ЗНАЕ!/

Случи се още в началото, когато започнах да уча. Вървяхме с него по улицата и аз под впечатлението на някаква несправедливост му заговорих за злото.

– Колко зло само има в света!

– Но нима това е зло?! – ми отвърна той.

– И все пак - продължавам аз, - убийства, грабежи, насилие, светът е пълен с всички тези гадости.

А той върви и някак между другото ми подхвърля:

– Всичко това съм го преминал.

Аз дори спрях, помня как попитах:

– Какво сте преминал?

– И убиец, и крадец, и даже по-лошо от това - отговаря ми той.

Поглеждам и неволно го сканирам – пред мен стои дребен на ръст старец, който цял живот е работил най-обикновена работа, живял е в религиозна среда и е бил неотлъчно до своя баща Баал Сулам. И изведнъж ми казва, че в живота си е преминал през всичко. Гледаш го и си мислиш: че какво е преминал, какво е видял, освен този свой свят, практически никъде не е пътувал, не се е срещал с никого... Той разбра този мой поглед, но тогава нищо не обясни.

Чак по-късно ми стана ясно колко примитивни са били всичките ми мисли и сравнения, че всъщност аз никъде не съм бил, макар че бях обиколил много страни, нищо не съм видял, през нищо не съм преминал с моето висше образование по биокибернетика и тоновете литература, които съм прочел. А той – РАБАШ, е преминал.

Разкрил е в себе си такъв егоизъм, в който е почувствал, че е и убиец, и насилник и крадец, и всичко, всичко, което го има в света – добро, лошо, ужасно – всичко това е в него.

После нееднъж ми е обяснявал, че в човек, който наистина изпълнява духовна работа, изплува цялото човечество. Той приема всички недостатъци, грешки и нарушения на другите като свои.

– Защото ти трябва да видиш пред себе си общата душа - казваше той. – И виждайки недостатъците на света, нямаш право да спираш. Ти си длъжен да се включиш в поправянето. Да се почувстваш грешник, крадец, убиец. Да „изкопаеш" в себе си съдията, независимо от своето престъпление. И така да призовеш Твореца, да съдиш и поправяш себе си. Ако достигнеш до това, значи си решил проблема. И така всеки път.

Всички тези размишления, усещания и открития, РАБАШ е включил в своите статии. Затова са безценни.

/КУПУВАМЕ ПЕЧАТНА МАШИНА/

Когато видях, че РАБАШ вече няма да спре, го уговорих да купим печатна машина.

Обясних, че почеркът му е нечетлив и веднага се съгласи.

Отидохме до Тел-Авив, влезнахме в магазина и той сам изпроба всички машини. Увлече се като дете, а когато се прибрахме, веднага седна и започна да печата. От този момент графикът ни никога повече не се промени.

След разходката в парка, веднага се връщахме вкъщи, аз му приготвях кафе, той се качваше горе и сядаше да печата. Оставах долу, там беше тъмно и прохладно. Отварях някоя книга и чаках.

Заслушвах се, докато отгоре не се разнесе първият равномерен звук на печатната машина.

И сега го чувам, когато пиша тези редове, когато чета статиите, това за мен е по-хубаво от всяка музика – кабалистичната "музика" на РАБАШ - „тук-тук, тук-тук..."

РАБАШ печаташе с един пръст, грешките поправяше, като ги замазваше с коректор. Това се явяваше за него цял процес, на който напълно се отдаваше. Практически след всяка дума поставяше запетая, сякаш предавайки състоянието си, отбелязвайки, че всяка дума не е написана просто така, а трябва да я почувстваш, да се замислиш, да четеш без да бързаш. По този начин за една седмица се появяваше статия от седем-осем листа.

Мина време и ние се сдобихме с електрическа машина... На РАБАШ му хареса. Нито веднъж не промени графика си. През всичките тези години в него се беше натрупало толкова много, че не можеше да се спре, бързаше.

/ДА ПОЗНАЕШ СВОЯТА ДУША/

След известно време започнахме да четем тези статии заедно с групата в началото на урока. Четяхме час, час и половина. РАБАШ слушаше затворил очи с отметната глава.

За него беше важно мнението не само на учениците, но и на нашите жени. Завършвайки статията, той винаги ми казваше: „Не забравяй да я дадеш на жените". В моите задължения влизаше да размножа статиите и чрез моята жена да ги предам на тях. Следващият въпрос на РАБАШ беше: „Е, какво казаха? Как им се стори статията?" Той ценеше, представете си, тяхното мнение дори повече от нашето. Ето така веднъж месечно се появяваха статии, написани именно спрямо въпросите на жените.

Днес, след почти 40 години, виждам какви промени са предизвикали статиите на РАБАШ в мен, в неговите ученици и във всички от обкръжението му.

Как отначало изглеждаха написани некрасиво и неправилно, струваше ни се, че отделните им части не са свързани една с друга, че са непоследователни... Това е защото не виждахме в тях прецизното движение на силите на душата, която се развива именно така. Не познавахме душата си. А РАБАШ я познаваше.

Тези статии свършиха своята работа. Пред очите ми започнаха да се случват чудеса. Помня как четейки статия, внезапно се отвори вратата, влезе напълно непознат за мен човек, взе си кафе, седна и сякаш нищо не се е случило се включи в урока. Не минаха и десет минути, когато вратата отново се отвори и се появи още един непознат, който направи абсолютно същото. РАБАШ видя недоумението ми, наведе се към мен и прошепна: „Този изчезна преди 10 години, а вторият преди 15..."

Така ние започнахме да четем статиите и изведнъж започнаха да се връщат отдавана напуснали ученици на РАБАШ. Те сякаш са чули призив и са се завърнали. И се държаха така естествено, все едно са излезли да изпушат една цигара или са си взели отпуск за един ден, а не за 10 или 15 години.

И всичко това, защото тези статии бяха „ръкописи" на душата на човека.

А какво жадува душата? Грижа за другите. РАБАШ се грижеше за всички.

/ГРИЖА ЗА ДРУГИТЕ/

Той ми казваше: „Ако искаш да излезеш от тъмнината, започни да се грижиш за другите". Това беше и неговата молитва.

Видях го по времето на първата ливанска война през 1982 година. Тогава РАБАШ на всеки час се залепяше към радиоприемника. Слушаше новините в колата, вкъщи, даже по време на урока. Не го интересуваха коментарите, а единствено какво се случва, само фактите.

По време на войната в Ливан не изпускаше радиото от ръцете си.

Тогава на уроците идваха външни хора и за тях това изглеждаше много странно. Как така спираш да говориш за написаното в Тора, прекратяваш изучаването на такива възвишени неща, за да слушаш новините?!

Спомням си, че някой от харедимите (ултра-религиозните) се възмути и дори попита РАБАШ: „Как е възможно това? При нас изобщо не е прието да се слуша радио, а Вие тук дори прекъсвате урока и слушате!"

РАБАШ отговори: „А ако твоите синове бяха там, тогава щеше ли да те вълнува онова, което се случва или не?! Уверен съм, че твоето сърце щеше да е там! Разбира се! И щеше да включиш радиото и да слушаш, защото щеше да усещаш, че от това зависи съдбата ти. А там сега се намира цялата наша армия и всички те са мои синове, и аз страдам и се тревожа за тях".

За мен това беше добър урок. Да разбера как кабалистът развива в себе си особено чувство към народа, как страда и се старае да бъде заедно с него във всички беди, трудности и проблеми, стоварващи се върху страната.[42]

---

42 Баал Сулам пише в статиите "Поръчителство" и "Даряването на Тора», че колкото по-развит е човек, толкова повече започва да се тревожи не за себе си, а за своето семейство, след това за роднините си, за обществото, в което се намира, за своята страна, за целия свят. Това идва от вътрешното осъзнаване на това, че ние сме Единен организъм. (от блога на Михаел Лайтман)

/НЕОЧАКВАНО – ЗОАР/

Септември, 1983 година. Помня, че бързах вечерта за някъде, вървя по улицата в Бней-Брак и изведнъж виждам съобщение на стената - „Почина Ашлаг". Замръзнах, краката ми се подкосиха – кой Ашлаг? Приближавам се и прочитам – Шломо. Разбирам, че е починал по-малкият брат на РАБАШ – Шломо Бениамин Ашлаг.

Бързам към РАБАШ. Той седи на масата вкъщи и аз от вратата го питам: „Какво ще правим?" Помислих, че ще ми отговори: „Отиваме на шива[43]". А той каза: „Никъде няма да ходим. Ние с теб ще седим тук. Ще учим".

Така започнаха тези неповторими седем дни, които без преувеличение „разтърсиха света".

Седем дни ние бяхме сами, никой не идваше при РАБАШ и ние никъде не ходехме.

Той ми разкриваше това, което никога не бяхме учили в групата - „Предисловие към Книгата Зоар", написано от РАШБИ. Наречено още корона (кетер[44]) на Книгата Зоар.

---

43 Шива – траурна церемония, продължаваща седем дни. В нея участват близки роднини на покойния: баща, майка, брат, сестра, син, дъщеря, съпруг, съпруга.
44 Кетер (корона) - в кабала първата от десетте сфирот.

РАБАШ каза: „Този, на когото му се разкрива тази книга, му се разкрива целият Зоар". Той сам беше решил, че ще преминем именно това предисловие, веднага отвори книгата, започна да чете и пояснява.

Това бяха седем дни на полет! Не че РАБАШ обясняваше повече, не, той не променяше метода си, както винаги правеше акцент на това, че сам трябва да се стараеш да държиш намерението, още повече, че Зоар е "сгула[45]"... Но в тези дни той създаде такава атмосфера, че аз се страхувах да не пропусна и една дума.

Това не можеш да го предадеш в книга. Това как стоях с отворена уста и чувствах, че съзрявам. Бях зелен плод, непригоден за нищо и изведнъж наторяват земята, идва дъжд, слънцето огрява и ти усещаш как узряваш, че нещо влиза в теб. Все още не можеш да разбереш какво, но си готов да не спиш, да не ядеш, а да се отдадеш на този естествен път, на който те е поставила Книгата Зоар, РАБАШ...

"В тази зала са скрити огромни съкровища, едно над друго. В тази зала има плътно затворени врати, за да спрат достъпа на светлина. Те са 50..."

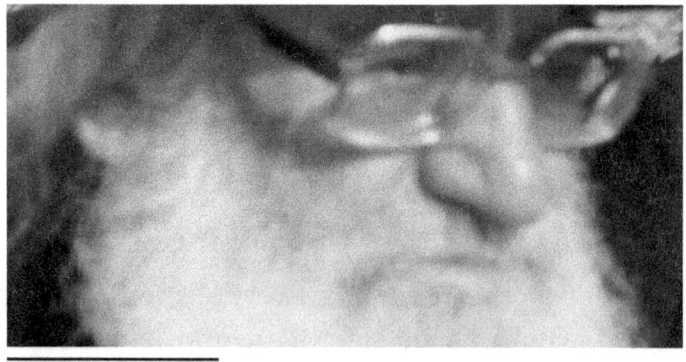

45 Сгула – особено средство в трудовете на кабалистите, благодарение на което е възможно да се обединят в едно цяло човека, групата и Твореца.

РАБАШ обясни: „Врата означава съсъд – желание да получи светлина".

„В тези врати има ключалки и тясно място, в което да се вмъкне ключ".

Да се види ключалката на вратата, означава да разбереш, че светлина можеш да получиш единствено отдавайки. И когато се опитваш да го правиш, разбираш, че това място е тясно, да се приближиш до тази ключалка, към този вход в духовното не е лесно, защото размерът му е като на иглено ухо. Трябва да се приближиш без да пропуснеш, да не се отклониш, да вмъкнеш ключа в него... – намерението и да отключиш ключалката, да изпълниш заповедта да доставиш наслаждение на Твореца.

Някога РАБАШ е записвал какво е говорил Баал Сулам и от тези записки се е родила „Шамати".

През тези седем дни се опитвах да записвам РАБАШ и от това се появи моята осма книга - "Зоар". Там аз не присъствам. Много се стараех да не добавям нищо от себе си. Там са РАШБИ и РАБАШ.

Така премина нашата седмица заедно. А когато свърши, РАБАШ каза:

„Сега имам нужда да се уединя".

И замина за Тверия.

/УЕДИНЕНИЕТО НА РАБАШ/

Пътуваше до Твeрия сам, не допускаше никого до себе си, искаше да бъде насаме.

Веднъж месечно заминаваше за два дни. В Твeрия се настаняваше в малкия дом на Дрори, стар негов ученик.

Идваше момент, когато РАБАШ трябваше да напусне постоянното си място на живеене, да остави семейството, децата, жената, учениците и да бъде сам със себе си.

В миналото така е било прието у кабалистите и се е наричало „да отидеш в изгнание". Човек е излизал от дома си без да вземе нищо със себе си и е заминавал за година или две. Заработвал е, както може, живял, където намери и се е държал само за Твореца, защото не е имало за кого друг да се държи.

РАБАШ не можеше да си позволи година или две, а само няколко дни.

Когато се връщаше обратно, го посрещах от автобуса, носех му куфара и няма да скрия, че мечтаех един ден да ме вземе със себе си.

Но не смеех да му го предложа. Разбирах колко важно е уединението за кабалист от такова ниво.

И веднъж се убедих в това сам.

/ТОЙ НЕ БЕШЕ ТУК/

При едно от пътуванията на РАБАШ до Тверия, цялата ни група неочаквано реши: отиваме при него. Падаше се четвъртък, денят, в който провеждахме събранието на другарите, а той трябваше да се върне в петък и ние решихме да прекараме този ден заедно с Учителя, да направим трапеза, мислехме, че ще го зарадваме.

Пристигнахме. Приближихме се до оградата на къщата, в която отсядаше РАБАШ и внезапно спряхме. Разбрахме, че не знаем как да влезем, не разбирахме защо изобщо сме дошли, как в нас се беше родила тази мисъл. В крайна сметка никой не ни е канил. Стояхме пред оградата, мълчахме и не знаехме какво да правим. Неочаквано някой каза: „Нека Михаел да иде". И всички ме погледнаха.

Помня как влезнах в обраслата градина, как минах по пътеката до къщата и как през цялото време усещах смътна тревога, че не е трябвало да идваме, че той не ни е викал, защо тръгнах, защо се съгласих?!...

Така стигнах до вратата, на която имаше мрежа за комари, голяма, на цялата врата – помня всичко, до най-малкия детайл. Погледнах през нея. Отначало не видях нищо, а после изведнъж различих човек, седящ на леглото. Не разбрах веднага, че това е РАБАШ.

Той стоеше неподвижно по панталон и риза и гледаше пред себе си. Дълго не се решавах да наруша тишината, но и мисълта, че го наблюдавам, също не беше приятна. Затова тихо произнесох: „Здравейте, Ребе".

Не реагира. Повиках го по-силно: „Ребе?!" Бавно извърна глава към мен и изведнъж разбрах – той не ме вижда!

РАБАШ гледаше през мен, сякаш бях прозрачен. Помня как биеше сърцето ми, не знаех какво да направя в тази ситуация.

Внезапно той погледна надолу към пода. Това продължи не повече от минута или две. После бавно вдигна погледа си към мен и попита: „А кой те е канил тук?"

Каза го тихо, с такъв тон, сякаш говори с абсолютно чужд, непознат човек. Отново си помислих, че трябва бързо да се обърна и да си тръгна. И да отведа всички... Но все пак отговорих: „Ребе, ние дойдохме заедно. Цялата група. Мислехме..."

„А кой ви е викал?" - ме прекъсна той. Каза го и отново отклони поглед. Отново се върна в състоянието, в което го заварих.

Не казах нито дума повече, страхувах се да не наруша тишината му. Внимателно слязох по стълбите и запалих цигара. Дойдоха момчетата и веднага всичко разбраха, дори не се наложи да им обяснявам. Стояхме, пушехме и не знаехме какво да правим.

/ИЗХОД/

Когато нямаше външни пречки и не се налагаше пред никого да се „докарва", РАБАШ можеше да влезе в такова вътрешно състояние, в което практически не усещаше тялото си, то не му пречеше и той влизаше в себе си.

С усилие чуваше какво се случва около него, всичко преживяваше вътрешно. Това не беше медитация, в кабала няма такова понятие, това беше духовно вглъбяване. Именно такова състояние видях в Тверия.

Мина половин час, а може и повече. Ние не знаехме какво да правим. От една страна, разбирахме, че не е трябвало да идваме без да го предупредим, от друга страна, чувствах, че не мога да го оставя така, че трябва да чакаме.

Тогава Ребе излезе. Вече беше друг, погледът му различен, "оживял", очите му ни гледаха с любопитство, попита ни: „Е, какво правите тук?" Започнахме да обясняваме, че не сме искали да го тревожим, че сме решили да направим в Тверия събранието на другарите и просто сме дошли да го навестим. Помислихме си, че как така ще сме в Тверия и няма да отидем да го видим.

Всички гледахме РАБАШ. Той направи порядъчна пауза, отново ни погледна... и каза: „Да направим трапеза".

На всички им олекна на сърцето, така се зарадваха, усмихнаха се. Арон Бризел, специалистът по трапезите, веднага изпрати някого до пазара, друг вече загряваше вода, трети наряза зеленчуци и у всички имаше усещане за празник.

/ЗА ТРАПЕЗАТА/

За трапезата с РАБАШ е нужно специално да се разкаже.

За него не беше просто така хранене, седене с другарите – беше висок духовен процес. И той ни вкорени същото отношение към това действие.

Нашите трапези преминаваха в пълно мълчание. Не можеше да разговаряме един с друг. Всеки трябваше да се концентрира вътрешно и да говори сам със себе си.

Във въздуха се усещаше такова напрежение, че човек беше принуден да съпровожда с намерение всяка хапка, която слага в уста. Ако след трапезата се опитваше да си спомни какво е ял, то му беше много трудно да отговори на този въпрос. Храната като че нямаше никакъв вкус, защото получавахме вкус не от нея, а от самото състояние.

Точно такава трапеза направихме тогава в Тверия. Всички я помнят и до ден днешен заради особената вътрешна сила, която излъчваше РАБАШ.

/ЗАЕДНО/

Минаха няколко месеца. Вече не помня при какви обстоятелства с РАБАШ заговорихме за Тверия и той ми каза: „Хайде да отидем заедно".

Смутих се, развълнувах се, не можех и да мечтая за повече. Спомням си, че нощта преди пътуването не спах. Цяла нощ мислех как ще се случи, какво да направя, че да не разочаровам Ребе, какво да приготвя...

Е, приготовленията ги направи моята жена. Оля се привърза към РАБАШ, още като го видя. Нейният баща е бил репресиран при Сталин и когато РАБАШ се появи, цялата топлина на сърцето си, която не е успяла да даде на баща си, я даде на него.

Повече от всичко това се изразяваше в приготвянето на храна. РАБАШ не веднъж казваше, че храната сготвена от Оля, предпочита пред която и да е друга. Защото тя влага сърцето си в нея. Особено му харесваше супата, която тя правеше по негова рецепта. В нея се слагаха няколко парчета телешко, пилешко бутче, картофи и фиде. Трябваше да бъде толкова гъста, че лъжицата да стои права. Живеехме много близо и аз я носех на РАБАШ още гореща, той я опитваше, затваряше очи, правеше пауза, после примляскваше и казваше: „Ех, че хубаво!" След това сядаше и пишеше бележка на Оля. Изобщо Оля пази много от бележките, в които той и благодареше. И за всяко ястие пишеше отделна: „Тук добави сол - пишеше, – а тук малко пипер, а това ястие е съвършено".

РАБАШ притежаваше невероятната черта да не пренебрегва никого, забелязваше всеки, а особено чувстваше онези, които излъчваха топлина. За него те бяха като ангели, които носят радост. Ето такава стана и моята жена Оля.

/ТРЕПЕТ/

Много се вълнувах преди пътуването, беше ме страх да не забравя нещо, сякаш отивахме на необитаем остров и трябва всичко да предвидя. Взех чаршафи, книги, кафе, подготвих всякаква храна, знаех, че обича обикновена сельодка, черен хляб, точно определен вид сирене... Оля опече кокошка, направи котлети и салата.

Когато най-после седнахме в автомобила, помня че попитах РАБАШ защо усещам такова вълнение преди пътуването.

Той ми отговори, че това е хубаво, не случайно първата заповед е за трепета. Такъв трепет той изпитвал пред баща си и това бил духовен трепет, защото не за себе си се безпокоиш, а за това дали в действителност ще можеш да се издигнеш над себе си, да се анулираш, да се опитваш да разбереш как да помогнеш на своя Учител... „Нали така? – попита ме и веднага сам отговори, - не е важно, че в нашия свят всичко това не е така. Ние трябва да се опитваме през цялото време да живеем заради другите. Този трепет е хубав. Той привлича светлина".

Всеки път пробвах да взема бележник или магнетофона, който винаги беше в мен, но при тези наши пътувания РАБАШ беше непреклонен. Никакви записки, никакви магнетофони!

/ХОТЕЛ ЗА ДВАМА/

В Тверия няколко пъти отсядахме в порутения хотел на един от учениците на Ребе, Ицхак Келер. Бяхме единствените посетители.

По пустите коридори вятърът разнасяше миризма на подправки и прах. А в тишината на нощта звучеше гърления глас на РАБАШ, отекваше в коридора и излизаше през отворените прозорци.

Седях пред него, точно като дете до баща си. Нямаше защо да се преструвам, той знаеше всичко за мен – какво ме движи, какви са мислите ми, поривите, желанията. Понякога успявах да го накарам малко да разкаже за мен и той разкриваше такива свойства на характера ми, които не можех да призная дори сам на себе си – кой съм аз в действителност. Не бих и разпознал в себе си тези свойства, нямаше да достигна до тези изводи, както той.

Няколко пъти се настанявахме в този хотел, а после Дрори предложи да отсядаме при него. Точно в този дом, който проникна в сърцето ми завинаги. Където се случваха чудеса, издигаха се молитви, които преобръщаха света. Тук видях истинския РАБАШ, изпълнен единствено с мечтата за Твореца, предан на една велика цел – да Го разкрие на света.

/КАЗАНОТО ОСТАВА/

Понякога съжалявам, че не можах да запиша беседите ни в Тверия – бяха нещо неповторимо. Но в същото време се убедих колко се различава казаното в тях без запис и казаното със запис. Как той се ограничаваше в последното и колко свободен беше в първото.

Такъв е бил и Баал Сулам, той не е разрешавал да записват какво говори. РАБАШ е трябвало след като излезе да си спомни всичко казано от баща му на урока, за да се родят от това великите записки „Шамати" - „Чуто". Записаното е било съвършено и точно, защото отмяната на РАБАШ пред баща му е била абсолютна, това значи, че всичко е било записано дума по дума.

От една страна РАБАШ е записвал след баща си, а от друга страна е знаел, че веднъж казаното не изчезва. Че цялата духовна информация остава. Не един път е изговарял такива странни неща, много високи, "не от този свят" и без да пояснява казаното.

Спомням си в Тверия, когато пристигна Арон Бризел ученик на РАБАШ и мой другар и РАБАШ няколко минути говори, каза думи, които ние не можахме да свържем. Бризел даже се напрегна от това, че нищо не разбира и веднага попита: „Ребе, какво казахте?" А той отговори: „Това не е за теб, а за да остане в света".

Знаеше, че висшата информация не изчезва, а чака своя час, когато ще се появят тези, за които е била произнесена. И тя ще разтвори сърцата им. И ние ще „чуем" РАБАШ и всички велики кабалисти, които са събрали за нас съкровищница от мисли и постижения и дори няма да са ни необходими никакви технически средства, а само желание да чуем.

/ВЕЧНОСТ В ТВЕРИЯ/

Така в Тверия се преместихме в старата едноетажна къщурка на Дрори. Дворът към нея беше обрасъл в трева и ние се придвижвахме по тясна пътечка към входа. Имаше две стаи. В едната спеше РАБАШ, а в другата аз. Всичко беше семпло, нищо излишно, но не бих заменил и за най-скъпото жилище тези две малки стаички и вечността, която усещах там.

Пристигахме, настанявахме се и аз приготвях храна. Хапвахме и веднага отивахме на горещите извори „Хамей Тверия"[46]. РАБАШ влизаше за половин час във ваната, обичаше

---

[46] Термалните извори (бани) „Хамей Тверия" се намират на брега на езерото Кинерет, близо до град Тверия.

топлото. Заставаше под горещата вода и се загряваше около 40 минути. Аз не издържах и двайсет. После лягаше на лежанката и хубавичко го завивах с чаршаф и одеяло от всички страни...

Обичаше така да се поти, че всичко от него „да излезе". Пиеше много вода. Пиеше и се потеше, пиеше и се потеше... От природата чувстваше кое е добро за него, а кое не. Това не беше насила, а много естествено, сякаш си говореше с нея и онова, което поддържаше хармонията, се приемаше. Например потенето беше изчистване на тялото, когато цялата мръсотия излиза през порите. Но ако за нас беше естествено да използваме сапун, то той никога не го правеше – действаше природно, миеше се само с вода.

Няма да описвам с подробности онова, което се случваше по-нататък. Как се прибирахме, какво сме яли... всичко помня в детайли, но важното е едно, всичко, което той правеше беше с единствената цел да вложи цялата си сила в ученето.

И тази почивка в „Хамей Тверия", и съня, и храненето – никога не преяждаше! Всичко беше заради това, че нито една минута от

8-10 часа учене да не пропадне, да не бъде пропусната.

Всъщност към тялото си той се отнасяше много твърдо. Аз през цялото време го наблюдавах. При мен с тялото имаше други сметки...

/НЕКА ДА СТРАДА/

Няколко пъти в годината имах проблеми с кожата. При това такива, че понякога не можех да стана от леглото. Моят приятел Ярон, дърводелец, ми направи специален обръч, който се поставяше над мен, и върху него слагаха одеяло, така че да не ме докосва. Лежах и мъките бяха ужасни, дъхът ми направо спираше, кожата ми се отделяше на ленти, просто я хващах и я отлепях. Целият бях покрит с рани, лимфата се стичаше от всички пори, накратко, сменях цялата си кожа...

В един от тези периоди се разхождахме с РАБАШ в парка. Бях успял да стана от леглото, страдах, разбира се, заради дрехите, които се докосваха до мен. Но станах, защото не можех да не отида.

Беше зима, за мое щастие духаше студен, зимен, пронизващ вятър, вървях с разкопчана риза, разгърнат, подлагайки се на поривите му. Искаше ми се да бъде още по-студен, още повече да ме пронизва... Вървях със затворени очи, като от време на време ги отварях, за да проверя къде е РАБАШ... Изведнъж го виждам спрял да ме гледа.

Питам през огромната си болка – едва, едва можех да си отворя устата, все едно беше намазана със смола. Питам РАБАШ: „Но какво ще се случи, Ребе? Какво ще стане?"

Тогава той прави крачка към мен, хваща ме за ръката и с такава огромна болка казва: „Нека страда! Нека!" Той говореше за тялото. И забива пръсти в себе си, все едно се щипе. А в това време очите му горят дори в радост: „Михаел, ти не можеш да си представиш колко много печелиш!.."

/ГОСПОДАР НА ТЯЛОТО/

Така живееше той. От малък беше възпитан да се отнася към тялото си, като към нещо чуждо. Затова го сочеше и казваше: „Нека страда!" То! Говорейки за тялото, винаги имаше предвид егоизма. Наслаждаваше се, че тъпче своя егоизъм.

Не беше някакъв мазохизъм, защото заедно с това той беше слят със свойството отдаване. Тялото беше за него като придатък към душата, напълно отделено от нея. Той беше господар и на него, и на душата, управлявайки и двете - егоизмът на тялото и висшата цел на душата, като две линии. Строеше трета линия за тяхното съединяване и в това виждаше себе си.

Така трябва да живее човек, постигащ висшата реалност. Човек, който се намира в постоянна атака. Той беше такъв. Атакуваше през цялото време. И всичко това се случваше пред очите ми в Тверия.

/АТАКУВАМЕ СВЕТА/

В Твърия се учехме по 8-10 часа. Това бяха 8-10 часа молитви. Изучавахме 16 част на „Учение за десетте сфирот", „Врата на намерението", писмата на Баал Сулам и разбира се, статии от „Шамати".

На практика всичко това не се изучаваше с останалите на уроците. Чак последните години РАБАШ реши да преминем този материал в групата. Освен това, четяхме „Тайният свитък", който кабалистите са писали много скрито, единствено за себе си или за онези, които са разбирали. За това засега не мога да разкажа.

РАБАШ вземаше тези текстове и ми ги обясняваше. Избираше точно онези части, които са близки към душата, най-близките до нас корени. Той ги чувстваше. За него беше важно да чуя и не само да чуя. Промиваше ме с тези текстове. Откъснати от целия свят, без телефони и странични разговори, ние седяхме един срещу друг и аз се опитвах да не пропусна нито дума.

Той говореше, както обикновено отметнал глава, затворил очи... и внезапно замираше в дълго мълчание. Какво чуваше? За какво мислеше? Понякога ми се е струвало, че разговаря с Баал Сулам, че го слуша. Вероятно така е било.

Вечер излизахме да се разходим.

Вървяхме без да бързаме. Обикновено ме хващаше по ръка и така крачехме покрай витрини, кафенета, ресторантчета, спускахме се към езерото, понякога разговаряхме, а понякога вървяхме мълчейки. Той мислеше, аз пушех... винаги се усещах така, сякаш се страхувам да не му попреча.

Връщахме се, оправях леглото, поставях вода на нощното шкафче, подреждах го. Задължително преди сън трябваше да чете нещо от „Шамати", прочиташе, изключваше осветлението и веднага заспиваше.

За да започне сутринта нова атака.

/МОЖЕХМЕ ДА НАПРАВИМ ПРОБИВ.../

Случи се и групата да получи възможност за атака. Беше по време на Сукот[47].

Ние, цялата група, се вложихме, подготвяйки се за празника. Построихме Сука по особено строгите правила на РАБАШ. Той всичко провери щателно, огледа всяка сглобка и остана доволен. Цялата беше направена от дърво,

---

47 Сукот – празник, който символизира един от етапите на пътя към духовното поправяне. Състояние. Подготовката за Сукот започва с построяването на сука – особен навес, основният елемент на който се явява покривът. Той олицетворява "масаха», екрана – особена сила, която човек получава за преодоляване на своите вродени егоистични качества.

без нито един железен гвоздей, с много плътен покрив[48], който се издигаше над стените на суката и почти не пропускаше светлина.

Едвам се държахме на краката си от умора, но атмосферата на празника се усещаше, подем, какъвто не е имало досега.

По време на този празник РАБАШ даваше специални обяснения на урока, може би защото можехме повече да възприемаме. Беше, както никога, емоционален, не се скъпеше на обяснения, водеше ни към атака.

---

48 Да се построи сука и да се покрие с покрив, означава не само външно да бъде построена, а и вътрешно. Това е да се издигнат духовните ценности над егоистичните и да ги направиш най-важните в живота си. Построяването на суката е работа непосилна за сам човек. Нужна е помощта на другарите, на обкръжението. Ето защо на духовния път, човек е длъжен да построи такова обкръжение.

– Сега ние излизаме от дома си, - каза той. – Затваряме зад себе си вратата към егоизма. Няма да се върнем повече тук.

Слушахме го, затаили дъх вървяхме след него...

– Ето – първото поправяне – съкращение на своя егоизъм, без това няма напредък. Ние влизаме в суката и сме готови постоянно да живеем във временно жилище, в непрекъснати изменения, в грижа за екрана. Ето го над нас, нашия общ екран, през цялото време сме под него! И тогава това е истински празник! Да се издигнем над собствените си желания, да се уподобим на силата на отдаване, Твореца, да живеем сякаш реейки се във въздуха…

Бяхме развълнувани, живеехме в усещането, че ето-ето и ще се случи... Това, към което вървяхме цял живот...

Но дните минаваха... и ние разбирахме, че не се получава...

На петия ден на Сукот, дори си спомням, че беше около 11 часа сутринта, отидохме до брега на морето и аз не издържах, спрях и попитах РАБАШ:

– Какво не ни достига?! Какво?! Всички така искат, всички са в голямо напрежение, всички цяла седмица сме заедно, не излизаме от суката и Вие ни давате уникални уроци! Какво не ни достига за пробива?!

Той почувства, че това не е само мой въпрос, а на всички. Отговори:

– Не достига атака! Атака! Ние ще преминем, ако се съединим.

И тръгна напред.

А вечерта ни даде незабравим урок. За това, че само съединен, народът е излязъл от Египет. Само съединен е можел да извика към Твореца. Само съединен е пресякъл Крайното море, хвърляйки се в непознатото. И само съединен е могъл да стане народ пред планината Синай, приемайки условията на Твореца – или ще се съедините, или тук ще бъде мястото на вашето погребение.

– Ако приемете тези условия – каза той, - ще можете да се родите в нов свят.

... Тогава ние не успяхме да приемем тези условия, не успяхме. И това остави в сърцето ми незаличима следа.

/МОЕТО ОТКРИТИЕ/

Изминаха доста години от този незабравим Сукот и от нашата Тверия и днес много ясно разбирам, че всеки въпрос зададен от мен, не от мен е произлизал, а от него, всяка прочетене от него сричка, не е била прочетена за мен, всяко негово обяснение, не за мен е било предназначено.

Такова „преливане на кръв" се случваше предимно в Тверия. Когато той ми даваше сили, за да не се поддам на нечие влияние, за да остана с него докрай. И след смъртта му да бъда с него.

Той ме шлифова със своята методика, необходима като въздух за „последното поколение"[49]. То вече е тук. Още не е разбрало, че е „последното", но РАБАШ знаеше това и бързаше. Той завършваше цялата тази верига от Авраам през всичките поколение велики кабалисти до наши дни.

Чувствах това и много исках поне в нещо да приличам на него.

/МОЕТО РАЖДАНЕ/

А в какво можех да приличам на него? Знаех, че РАБАШ жадува кабала да се разкрие на всички, затова отдавна обмислях да напиша книга. Попитах го:

– Да се заема ли или не?

– Обезателно. Длъжен си да я напишеш - така каза, - а аз ще ти помогна във всичко.

След това често питаше:

– Е, как е книгата?

---

[49] **Последното поколение** /дор ахарон/ - поколението, в което започва процесът на поправяне на природния човешки егоизъм.

А тя се раждаше в мен някак естествено, сякаш бях бременен с нея. На практика записвах всичко от РАБАШ, имах много чертежи, които той редовно поправяше. Вече можех под кратка форма да напиша и нарисувам цялата система на световете.

Днес ме обвиняват в това, че разкривам кабала на всички, преподавам, без да са ми важни нито националност, нито възраст, нищо. Говорят тихомълком, че РАБАШ не би го допуснал. Каква глупост!

Да, той се е родил в ортодоксално семейство и да, цял живот е живял в религиозно обкръжение, но и той, и неговия баща Баал Сулам са мислели с мащабите на света. Знаел е, че ще настъпи точно това време, когато кабала ще се разкрие на всички и ме подготвяше, ето защо напълно поддържаше писането на книги на руски език. Той прекрасно разбираше, че ще се разпространяват в Русия не само на евреи и това ни най-малко не го притесняваше.

Когато книгата окончателно съзря в мен, седнах и я написах буквално за два месеца. Разделих я на три не големи книжки. Излях всичко, което беше наболяло в мен, разбирайки, че ако не го напиша, ще се пръсна.

Ето така я родих, няма как да се каже по друг начин.

После, когато бяха отпечатани, ги занесох на РАБАШ и беше радост да гледам как той ги разглежда, проверява рисунките... Стоеше с цигара между зъбите, наклонил глава и прелистваше ли прелистваше.

Попита:
– Колко бройки ще напечаташ? Каква цена ще сложиш?

– Бих я раздавал просто така – отвърнах.
– Не, трябва да я продаваш и то не евтино. Сложи средна цена - каза РАБАШ.
Така и направих.
Докато пишех, докато се занимавах с книгата, се чувствах в подем. Още щом като излезе от мен, усетих сякаш въздухът ми свърши. И дори и да разбираш, че паденията са необходимо състояние на нашия път, и даже да си готов за тях – нищо не помага.

/МОИТЕ ПАДЕНИЯ/

Как идваха ли? Неочаквано. Изведнъж пропадаше безспорното величие на РАБАШ. Беше като падане от огромна височина.

Струваше ми се, че съм подготвен за тях, „защитен" от Ребе.

Но ето, идва падението и нищо не действа. Падам в минус безкрайност.

Едно от тях няма да забравя никога. Тогава много силно се обидих на РАБАШ. Седях вкъщи и не можех да отида при него.

Чак по-късно ми разказаха как РАБАШ е стоял учуден насред учебната ни зала с разперени ръце и повтарял: „Така ли изоставят другаря?!"

Говорил е за мен, като за другар – за мен! Че съм го изоставил!

А по-късно, чувайки за това, объркан се питах защо не ми казаха веднага, всичко щях да зарежа и да се върна при него!... Но разбирам, че дори и да ми бяха казали, нямаше да мога да се издигна над обидата си, нямаше да мога да отида.

Ето така и лежах вкъщи. Цяла седмица без да излизам. Физически здрав, силен мъж, се чувствах като „парцал". Не можех да преодолея себе си, не можех.

Изведнъж, звъни РАБАШ:

– Какво става с теб, Михаел?

– Не мога да стана.

– Веднага стани и ела!

– Не мога!

– Ела!

– Но аз не мога да изляза от вкъщи. – Изведнъж се разплаках. Не помня кога бях плакал за последен път, а сега не мога да сдържа сълзите си! – Ребе, аз не мога да помръдна! – казвам.

И тогава се разнася неговият спокоен глас:

– Михаел, ти чуваш ли ме?

– Да.

– Чакам те довечера. Ще седнем, ще направим трапеза. Аз те разбирам.

Вечерта дойдоха момчетата, той ги беше изпратил. Взеха ме за трапезата. РАБАШ ми наля чаша уиски и каза:

– Ето, сега и ти си такъв „парцал[50]", като мен. Това е хубаво. Пий.

Аз отпих. Направихме нашата обичайна тиха трапеза, с вътрешна молитва и още

---

[50] В понятието "парцал" има много съставни: аз сам не съм способен на нищо; аз завися от Твореца; аз се радвам, че съм разкрил това. Заедно с това в мен е и началото, и края на действието, и във всяко действие трябва да влагам сили, за да се добера до понятието "парцал", а след това да се прилепя към Твореца и да го задължа да направи нещо.
И така състоянието "парцал" настъпва след всички усилия, съгласно принципа - "полагал усилия и намерил». Това е последен етап, важна степен, на която разбирам, че повече нищо няма в мен, аз съм "изцеден" докрай, безсилен, лишен от енергия, движещи сили и съм длъжен да ги получа от светлината.
Не мога да реализирам поправянето си, не мога сам да събера необходимите детайли на възприятие, но мога да взема от групата желанието, необходимо за усилията. Аз завинаги щях да остана на "животинско" ниво, ако Твореца не ми беше предоставил възможност за подем чак до нивото на тази възвишена степен, за която пише Баал Сулам. (От блога на Михаел Лайтман)

там почувствах – получи се! Аз бях друг, бях променен!

На другия ден на сутрешния урок, както винаги, седях до РАБАШ и той нито с думи, нито с действия ми напомни за случилото се.

/ОТМЯНА ПРЕД УЧИТЕЛЯ/

Това е главното. Обясняваше ми се в течение на целия ми живот редом с РАБАШ. За да получаваш от учителя, трябва да се отмениш пред него. Това е необходимо условие.

Помня, че веднъж возих Моше Ашлаг, брата на РАБАШ, към дома му, беше още в началото, като започнах, разговаряхме и той каза нещо, което завинаги се запечата в мен. Каза така: „Нищо няма да ти помогне. Ти трябва да се прилепиш към Ребе".

Точно тази дума „прилепиш" не ми даваше покой. Мечтаех за най-високата връзка между мен и РАБАШ, стремях се към нея цял живот. Неведнъж говорех за това с него, особено в Тверия. За съединение „от уста в уста". И чувах един и същ отговор – пълна отмяна пред висшия и общ екран, когато възрастният се спуска до нивото на детето и оставя в теб отпечатък на духовното.

Ти трябва да се занулиш, да „влезеш" в учителя, напълно да си в негово разпореждане и той ще създаде от теб следващото ти състояние. Както слагат детето на гърдата, така и ти е нужно да се анулираш, да отвориш уста и да получаваш от Учителя.

Ето какво разбрах, изпитах върху себе си, почувствах явно.

Спомням си, че първоначално търсех възможност да стана незабележим редом с РАБАШ, мечтаех да вляза при него в „пещерата" и да стоя там. А после стана по-трудно, защото егоизмът постоянно растеше. И да се отменяш ставаше все по-тежко, защото Учителят вече иска да даде повече.

/КОГАТО ИДВА „НОЩ"/

Днес, когато идва „нощ"[51], винаги си спомням, че РАБАШ беше като скала. И извиквайки в себе си усещане за принадлежност към тази скала, аз получавам сили. Той ми ги дава! А, ако не сили, то поне търпение. Без това, със сигурност, нямаше да мога да продължавам.

Аз видях човека, който разменяше целият си живот за духовното постижение, който всеки миг жертваше себе си.

Не се случваше да се появи някакъв проблем, вътрешен или външен, и той да мисли дълго над него, а после да реагира по някакъв начин. При него имаше мигновена вътрешна реакция и едновременно абсолютно външно спокойствие. Хоп – и край! И тръгва напред.

---

51 "Нощ" означава, че внезапно желанието изчезва, идва безразличие, губи се вкуса. Става трудно да слушаме за работата на човека за неговото поправяне, отегчително е отново и отново да говорим за любовта към другарите и за обединение (От блога на Михаел Лайтман)

Без никакви съмнения.

Показа ми какво е това истинска работа! Да си колело, без да се колебаеш! Толкова да поправиш себе си, че да се движиш в същото време и същата посока, като цялата система.

Това се нарича „роб на Твореца"[52]. Да, трябва да има анализ, решение, приемане на решението, но всичко се случва с такава честота, такъв темп, че началото и края практически се сливат.

Такъв беше РАБАШ.

---

52 Роб е този, който изпълнява замисъла на господаря си, без да вниква в този замисъл, без да го разбира и дори да иска да го постигне. „Верен роб" означава, че той е сто процента радостен да получи заповед и да може да я изпълни точно така, както желае Господарят му - в чист, пълен, съвършен вид, без никакъв недостатък, без никаква намеса на ума си, да се превърне в орган, изпълняващ заповеди, свързан с мозъка на Господаря си. Аз желая така да се поправя, че да се превърна в колело,

/ГРЕШКА/

Такъв го виждахме и искахме да бъдем като него – цялата ни група.

Затова нямахме търпение и правехме грешки.

Помня как няколко човека агитираха групата да създаде комуна.

Бях против, смятах това за изкуствено и преждевременно, разбирах, че намеренията са добри, но бях против.

Те ми говореха: за какво тогава се занимаваме с кабала, защо изучаваме статиите на РАБАШ за любовта към ближния, защо се наричаме другари, братя?!

Накратко, решиха да започнат от най-простото, така мислеха – да сложат всички заплати в една каса и да делят парите по равно.

На следващия ден, след събранието на другарите, се разхождахме с РАБАШ и аз му разказах всичко, не можах да се удържа.

Такава реакция не очаквах.

Той спря по средата на улицата, почервеня и попита:

– Какво?!

Повторих, запъвайки се, отдавна не го бях виждал такъв.

– За да проявим любовта към другарите - започнах.

– Кой ви е дал право да правите това?! – развика се той.

Чак сега разбрах, че се беше случило нещо ужасно. Запелтечих:

– Тогава какво да правим? Всички решиха...

– Кой е решил?!

– Всички.

Той рязко се обърна, тръгна с големи крачки напред, внезапно спря и ми подхвърли:

– Няма да се меся в това, оправяйте се сами!

Веднага се върнах при момчетата, разказах им за реакцията на РАБАШ и всичко прекратихме.

После си мислех колко слепи сме били, как можахме да вземем такова решение, макар че прекрасно знаехме към какво водят подобен род революции. Особено аз. Това го бях преминал, изпитал на собствената си кожа, видял какво означава, когато егоисти решават да живеят в братска любов и в резултат заливат с кръв всичко наоколо. Защото не са осъзнали коварството на егоизма, не са провели дълга и сериозна подготовка, не са възпитали ново поколение... И всичко провалиха.

И ние щяхме да опитаме. РАБАШ предвиди провала на групата, в създаването на която беше вложил толкова сили. Предвиди ненавистта, която със сигурност щеше да ни разкъса. Той видя, че още не сме готови да се издигнем над нея в любов.

Изплашихме се. Прекратихме всичко. И слава богу.

Получи се, че подстрекателите, тези които ни агитираха за идеята, след известно време сами напуснаха групата. Просто свише ги отделиха...

... Дойде краят на тази бурна седмица и ние отново потеглихме към Тверия.

По пътя, на практика при всяко пътуване, се отбивахме в Мерон[53] на могилата на РАШБИ.

---

53 Планината Мерон (на иврит: הר מירון) е най-високата планина в Галилея, близо до град Цфат.

/СИЛАТА НА РАБАШ/

Мястото, където е погребан РАШБИ[54] беше нещо специално за РАБАШ. Виждах как винаги се впечатляваше от това да отиде там, да докосне камъка, да каже няколко думи в себе си.

Никога не говореше нищо на глас, не отваряше Псалмите и молитвеника, както всички правеха. Винаги единствено съсредоточен и вглъбен дълбоко в себе си оставаше няколко минути, а аз до него.

Понякога ме питаше: „Е, а ти почувства ли нещо? Какво усети?" Споделях с него впечатленията си и виждах колко далече съм още, за да го достигна.

Но веднъж, там, на могилата на РАШБИ, видях един друг РАБАШ. Беше по време на празника Лаг ба-Омер[55].

С всяка изминала година желанието му да ходи там по време на празника, все повече намаляваше. Причината е, че на Лаг ба-Омер на могилата се стичаха стотици хора, а по-рано не беше така. Бяха направили култ от това

---

[54] **РАШБИ** – Раби Шимон Бар Йохай, велик кабалист, автор на книгата ЗОАР.
[55] **Лаг ба-Омер** – празник посветен на Шимон бар Йохай, (РАШБИ), автор на основната кабалистична книга – Зоар.

място. Изчезнаха вътрешната скромност и тишината, появиха се външните възклицания и продажност, маса хора се „превъртаха" тук, за да пипнат камъка, да си купят хамса,[56] мезуза,[57] да оправят живота си...

Да се добереш до могилата стана трудно, нужни бяха наглост и остри лакти.

За последен път бяхме там на празника през 1984 година.

Помня, че напредвахме „с бой" към могилата на РАШБИ. Буквално я превзехме с щурм. Вървях пред РАБАШ с лице към него, държах го за ръка, а с гърба си разбутвах тълпата, опитвайки се да я надвия. До един момент се получаваше, но като се приближихме до могилата, бях принуден да спра. Гърбът ми се опря в някой, натисках с все сила, но усещах, че този не помръдва и на милиметър.

Обърнах се, оказа се едър мъжага, който не искаше да чуе и дума да му се каже. Опитах се да го избутам, но той с лекота ме удържаше, дори забавлявайки се, с насмешка. Разбрах, че е безполезно, няма да пробием.

---

56 Хамса – защитен амулет във формата на длан, който използват евреите и арабите.

57 Мезузата представлява специален свитък пергамент от кожа на "чисто" животно, поставен в специална кутийка и прикрепен към касата на вратата на еврейските жилища. На свитъка са написани два стиха от Тора, които са част от молитвата "Шма Исраел»

И изведнъж чувам РАБАШ да ми казва: „Отдръпни се". И сам ме избутва настрани, протяга ръка, хваща мъжа за рамото и го завърта към себе си.

Онзи се обръща, вече готов на бой и внезапно вижда РАБАШ, гледа го и бледнее.

Очите му се разшириха, започна да вика от страх: „А-а! А-а-а!" - беше като подивял. Дори заекваше от страх, заби ръце в тълпата, за да отиде по-далече от РАБАШ... Но не се получи - тясно е, всички притиснати един в друг, а той в паниката си крещи и вие!..

И не защото РАБАШ го беше хванал със сила, видях, че само го докосна. Но имаше нещо в погледа на Ребе, което го прониза.

Какво му предаде с този поглед, не знам. Но онзи отскочи като попарен и всички останали също се отдръпнаха. Пред нас се отвори пътека към камъка на могилата на РАШБИ.

РАБАШ се приближи, сложи ръка на плочата, остана така съвсем за кратко и тръгна.

Помня как всичко наоколо притихна, докато той стоеше там.

Излязохме и без нищо да каже, се запъти към колата.

Ето така аз откривах РАБАШ постоянно, всеки ден, всеки час. И разбрах, че тези разкрития нямат край. И никога няма да мога кажа: „Аз познавам РАБАШ".

/РАБАШ И СТРАХА/

Съвсем скоро отново се убедих колко не го познавам. Потеглихме рано от Тверия, момчетата ни чакаха в Бней-Брак и бързахме да пристигнем навреме за урока. Докато си приказвахме с Ребе, явно съм завил не където трябва. Поглеждам пътя и виждам някакви непознати надписи, учудих се, но продължих. И изведнъж пред нас се открива цял арабски град с улици, магазини... и араби.

Наоколо само араби. А времената не бяха спокойни, подготвяше се интифада. И ето, появяваме се ние в техния град – двама брадати в черно облекло, шапки, накратко, както си е положено.

Виждам как всички наоколо се обръщат към нас, спират и започват да ни сочат.

Някои вече тичат след колата, други успоредно с автомобила и усещам, че нищо не им пречи да ни спрат, да ни замъкнат в някоя пресечка и да ни убият или още тук на място да ни пречукат с камъни.

Знаех, че това лесно може да се случи, в армията бях служил в Шхем[58]. Без оръжия не се осмелявахме да ходим там.

---

58 Шхем – Град на западния бряг на река Йордан, в палестинска автономия.

И ето, вече чувам как нещо си подвикват един на друг и погледът им... един такъв животински... Внезапно ме връхлита мисълта: „Ребе е с мен, какво да правя?!"

Поглеждам го и виждам колко е спокоен. Нито капка вълнение няма на лицето му. Даже ми казва:

– Интересно място, никога не съм бил тук. Не бързай. Карай спокойно.

И аз отпускам газта, като по команда. А те тичат редом...

Ребе излъчва такова спокойствие, сякаш не ги вижда. Но аз ги виждам и още как! Виждам как отпред се събира тълпа. Усещам, че всеки момент ще ни спрат... Какво да правим!?

Внезапно от завоя се появява автобус, оказва се, че е наш, на компания „Егед[59]". Веднага се „залепих" за него. Той завива – аз също, тръгва към хълма – аз след него... И така напускаме града.

Когато се отдалечихме, спрях колата, облегнах се назад и запалих цигара. Тресях се, ръцете ми трепереха. Честно си признах:

– Ребе, уплаших се!

– А аз не - отговаря той.

– Как така – не?! – питам.

– Бях уверен, че нищо няма да се случи - казва.

Как е възможно? Поглеждам Ребе, спокоен е, даже се усмихва.

– Но представи си какво са си помислили, като са ни видели? – казва той.

– Че трябва да ни довършат! – отговарям.

– Не, те са си помислили, че ако двама такива, като нас са пристигнали там, значи идват по работа. Може би да поговорят с някой мъдрец, може би нашият имам[60] ги е поканил – говори сериозно и ми кима с глава, - да, да.

---

[59] Автобусна компания "Егед" - най-голямата автобусна компания в Израел.
[60] Имам – висока духовна титла в исляма.

След това разбрах, че нищо подобно не си е мислел, просто така ме успокои. Просто отношението му към страха беше различно.

Когато имаш връзка с Твореца, в теб страх няма. Видях как това работи при РАБАШ. Как на мига свързваше всичко, което се случва, с Твореца, със себе си, със света, така че да няма никакви различия. И в това единство съмнението и страховете изчезваха. Когато всичко идва от Твореца. Когато разбираш, че причината за случващото се е да те доведе до сливане с Него, тогава за какъв страх може да става въпрос?

В онзи момент в колата, РАБАШ извади своята синя тетрадка „Шамати"[61] и безпогрешно отвори на нужната страница - статията „Когато страх обхване човека". За пореден път прочетох казаното от Баал Сулам: "Когато се появява страх в човека, той трябва да знае, че единствената причина за това е самият Творец…"

Така живееше РАБАШ. Не в страх, а в трепет пред Твореца. И не спирах да се удивявам от това, че тази връзка може да я е постоянна. Аз също исках така да живея.

---
[61] "Шамати" (Чуто), статия 206

/НЕПРЕДВИДЕНО/

Случи се нещо неочаквано.

Върнахме се от Тверия, като имахме намерение в края на седмицата отново да заминем. Направихме малка трапеза, вече не си спомням по какъв повод. Жена ми Оля заедно с дъщерите ни беше на втория етаж, там бяха останалите жени и Йохевед, жената на РАБАШ.

Изведнъж виждам Олга и веднага разбрах, че нещо се е случило. Тя ме вика от втория етаж на руски: „Миша, качи се горе! Бързо!" Всички ме погледнаха, никой не разбираше руски. Казах им: „Трябва да се кача" и се затичах по стълбите.

Качвам се и виждам, че рабанит[62] лежи на пода неподвижно. С отворени очи и диша, но не може да се движи. Както по-късно стана ясно, беше получила инсулт! В групата имахме лекар и веднага го повиках, без да обяснявам на никого нищо. Извиках: „Докторе, качи се бързо!" Той дойде, веднага всичко разбра.

И тук направихме грешка. Доктора каза: „Да я пренесем на дивана". А при такива случаи не трябва да местиш човека. Пренесохме я и тръгнахме да повикаме РАБАШ, когато той

---

62 63 Рабанит – така наричат жената на рава (равина)

сам се появи. Видя всичко и... замря. Притихнал отиде в ъгъла на стаята, седна и не свали очите си от нея. Тихо следеше всичко, което правехме. Много внимателно, с голям трепет, не проронвайки нито дума. Никога няма да забравя как я гледаше. А тя него... Сякаш го успокоява, а той всичко разбира.

Пристигна бърза помощ и откара рабанит в болницата.

/РАБАНИТ ЙОХЕВЕД/

Ребе много обичаше жена си. Живееше с нея вече 64 години. Тя беше по-голяма от него с една или две години и произхождаше от много известно йерусалимско семейство. Кореняци от Йерусалим, така наречената „благородна аристокрация". От седем поколения семейството е живяло в този град.

Рабанит Йохевед беше висока, красива и се държеше с достойнство.

Познавах я много добре. С нея имахме някаква вътрешна връзка. Може би защото чувстваше как се отнасям към РАБАШ, като към най-близкия човек, като син към баща. И тя ме възприемаше като син. Всеки шабат ни изпращаше риба, никой друг не получаваше нещо подобно, само моето семейство.

Имаше твърдия характер на истинска коренячка от Йерусалим. Ребе я обичаше, уважаваше и с лекота се покоряваше.

Знаех колко са привързани един към друг, а толкова различни, но това, което видях тогава в болницата, ме порази.

/В БОЛНИЦАТА/

Видях как РАБАШ се грижеше за нея.

АДМОР[63], уважаван човек, велик кабалист, учител - грижеше се за нея с такава нежност, с такъв трепет и внимание, като за новородено. Не можех да си го представя. Първия ден стоях поразен, като видях всичко това и после също не можах да привикна.

С времето говорът и някои от частите на тялото ѝ се възстановиха, но не и краката.

Да, дъщерите ѝ идваха при нея, моята жена

---

[63] АДМОР – така наричат духовния водач на хасидите. Абревиатура на думите – адонену морену ве-рабену (господин, учител и наставник наш).

дежуреше, Фейга също, но през всичките четири години от вечерта и цялата нощ с нея оставаше само РАБАШ. Обгрижваше я, почистваше, хранеше я, даваше ѝ вода, не се отдалечаваше и на крачка. Чувстваше, че точно той ѝ е нужен. Те имаха поразителна вътрешна връзка.

За кой ли път се убедих как той е в състояние да се отмени до непостижимо, невъзможно състояние, как може напълно да се отдаде дотолкова, че да не съществува.

Гледаш всичко това и разбираш какъв пигмей си пред него, как си неспособен дори малко да се приближиш до нещо подобно и си поразен от неговата величина.

Тяхното беше истинска любов. Не нашата, земната, напълно егоистичната, а преданата любов на две красиви души.

/ЛЮБОВ/

Любовта – тя е над егоизма на човека. Ние не говорехме много за това с РАБАШ, но тези думи са негови: „Любовта е домашно животно, което расте благодарение на взаимните отстъпки...“

Така те живееха с Йохевед. Строяха любовта в две плоскости. В едната имаше спорове и несъгласие един с друг. Припомням, че бяха много различни: йерусалимска аристократка, възпитана в ортодоксален дух, а той – кабалист. А в другата плоскост беше връзката, която строяха над всички противоречия. Точно това се нарича, че „любовта покрива всички прегрешения“.

Гледайки ги, беше ясно, че само по такъв начин двама души могат да се съединят един с друг в добра, здрава, силна, истинска човешка връзка.

/РАЗДЯЛА/

Рабанит Йохевед почина четири години по-късно. Не можа да се оправи от инсулта.

Случи се в 11 часа през нощта. Позвъниха ми вкъщи: „Михаел, трябва да дойдеш! Не знаем какво да правим с Ребе".

Веднага тръгнах. РАБАШ лежеше в стаята си, насреща стоеше нейното празно легло. Влязох, седнах до него и го попитах: „Искате ли нещо да кажете на останалите?" Той отговори: „Не".

Мълча дълго, не исках да нарушавам мълчанието му и също тихо стоях отстрани. Зад вратата се чуваха женски гласове. РАБАШ каза: „Михаел, какво искат? Отиди, попитай ги".

Отидох при дъщерите му, отговориха, че искат да поръчат автобуси, за да заминат за Йерусалим на Хълма на Упокоението[64]. Върнах се при РАБАШ и му казах, а той се изненада: „Но за какво ни е Хълма на Упокоението?! Защо Йерусалим?! Виж, от прозореца се вижда гробището? На 300 метра от вкъщи. Нека я погребем тук".

---

[64] Ар а-Менухот (Хълм на Упокоението) – централното гробище на Йерусалим

Това не беше пренебрежение към жена му, в никакъв случай, просто такова бе отношението му към всичко външно. Но дъщерите, разбира се, не можеха да разберат. Те се възмутиха: „Мама ще бъде в Бней-Брак, а не в Йерусалим?! Потомствена йерусалимка! Това е невъзможно!" Тогава Ребе ми каза: „Няма да се намесвам. Нека правят, каквото поискат". И така погребаха Йохевед в Йерусалим.

/РАБАШ ОТНОВО МЕ ПОРАЗЯВА/

Всичките седем дни след погребението на Йохевед, Ребе мълча, беше потънал в себе си, мислеше. Шивата мина и той за пореден път ме порази.

Показа ми какво означава да се държиш само за целта, само нея да виждаш, само към нея да вървиш и само на нея да бъдеш предан. Над разума, над чувствата, над установеното в този свят - над всичко.

Дойде при мен и ми каза: „Помогни ми да си намеря жена". Стоя изненадан, не знам какво да отвърна, не мога да реагирам. А той продължава:

„Нямам избор. Трябва да направя хупа"[65].

Тогава вече разбирах духовния корен на това изискване. Знаех, че кабалистът е длъжен да е женен, но не предполагах, че РАБАШ така бързо ще вземе решение.

С Йохевед бяха неразделни в радости и скърби, тя си отиде и мислех, че трябва да мине някакво време – година, две... но не. Той не можеше да чака, нямаше право. Изискването да си женен, дори формално, за него беше над всичко, защото това беше искане на Висшия.

Така, практически в края на живота си, РАБАШ направи ново преобръщане...

След дълго търсене, Фейга, която се грижеше за жената на РАБАШ и в която той виждаше много предана своя ученичка, стана негова втора жена. Сега, както и преди, той отново показа, че е готов на всяка революция, без да се съобразява какво ще кажат, помислят и как ще погледнат на това. Ако става въпрос за целта, той е готов на всичко. Но ще разкажа някой друг път.

---

65 Хупа – сватбен балдахин, под който се прави брачната церемония. В кабала хупата, т.е. екрана и отразената светлина, символизира сливането с Твореца.

/РАБАШ СЛАБЕЕ/

Измина още една година. Всеки ден прекаран с РАБАШ, беше необикновен. Усещах висше щастие да съм до него. Аз, разбира се, исках така да бъде вечно. Но знаех, че ще дойде време и физически трябва да се разделим. Стараех се да не мисля за смъртта му... но един ден много се уплаших...

РАБАШ беше вече на 85 години и в един момент започна да се забелязва, че онзи „пъргав ребе", както го наричаха в Бней-Брак, вече не е толкова „пъргав".

Всяко година през лятото ходехме на морето, но това лято той не се къпа. Чаках да влезем заедно във водата, а думите му бяха: „Отивай, отивай, не ме чакай".

Обикновено влизаше пръв и с удоволствие правеше своите четиристотин загребвания, а сега плувах сам, оглеждайки се през цялото време за него. А той отдалече ми махаше с ръка и крачеше ли крачеше замислено по плажа.

Някак си вече се беше пуснал. Беше се съгласил. А аз не забелязах. Не се лекуваше от каквото и да било, а това не се е случвало. Обикновено безропотно отиваше на лекар и изпълняваше всички указания. А сега виждам, че му тече кръв, притеснявам се, споделям с него, а той ме гледа странно и отговаря: „Няма страшно". Аз му казвам: „Но, Ребе..." Отвръща рязко: „Край! Никакви разговори!" Махва с ръка и сега е пред очите ми, сякаш казва: остави.

Той много добре е знаел, че си отива.

Чувствал е това, абсолютно ясно го е усещал. А аз си мислех – ще мине.

Дори не искаше да му купуват етрог и лулав[66] за Сукот, не искаше да прави нищо предвари-

---

[66] **Лулав, етрог, адасим, аравот** – растения за празника Сукот, които символизират различни свойства в човека.

телно. Приближаваше празникът Рош а-Шана[67], след него Сукот, а той нищо не споменаваше за суката. Знаех с какъв трепет се отнасяше към този празник, как изискваше да се спазват най-дребните тънкости в строителството ѝ, започваше да се вълнува и да ни припира още месец преди празника, а сега – мълчи.

И през цялото време е в мислите си.

Невероятно е как не вдигнах тревога. Трябваше да го уговоря да отиде на лекар, да се прегледа, да не се примирявам, да не го оставям, докато не се съгласи...

---

[67] "Рош а-Шана" (Глава на годината) – еврейската Нова година, празник, който олицетворява началото на духовното пробуждане в човека.

Но не ми позволяваха да го направя. Някак забравихме и предупреждението, което неотдавна получихме. Моят приятел Йоси Гимпел ми разказа, че разговарял с някаква жена в Бер-Шева и тя неочаквано му казала, че скоро РАБАШ няма да стане. И добавила още нещо странно: „А ти, Йоси, защо така се държиш?! До теб има човек, към когото можеш да се обърнеш и от него да узнаеш всичко, и той иска да го направиш, а ти не можеш". Тогава Йоси ѝ отговорил: „Да, не мога. Не знам как да го направя. Не знам как да отида, как да попитам, много искам, но не знам как." И тя отвърнала: „Е, добре, забрави. Но знай, че той има време само до 91-ва година". Това се случи около четири години преди смъртта на РАБАШ. Някак си всичко се забрави, помислихме си, че нима трябва да вярваме на тези предсказания?! И всичко се изтри от паметта ни.

Но се случи точно така.

Днес вече разбирам какво означава напълно да те изключат, просто ти изтриват мозъка, чувствата, страха, тревогата. Ние сме във властта на Висшия. Той управлява абсолютно всички.

РАБАШ знаеше това по-добре от всеки. Той вътрешно разговаряше с Твореца.

/ПОСЛЕДНИ ДНИ/

Веднъж по време на урок Милер се приближи към мен и прошепна: „Видя ли?" И посочи Ребе. Той седеше зад масата и трепереше.

„Да знаеш, че не е за първи път" - каза. Отвръщам му: „Ама аз не съм забелязал! Как така!?" И се уплаших, реших, че веднага трябва да направим нещо! Това бяха сърдечни пристъпи. Дори според мен, вече инфаркт. Умишлено не споделих.

Незабавно позвъних на познат лекар. Той донесе апаратура и направи кардиограма. Думите му бяха: „Смятам, че е необходимо спешно да отиде в болница. Нещо лошо се случва с него. Ще дойда с вас".

И ние тръгнахме към болница Бейлинсон. Знаех, че РАБАШ има силно сърце, но не предполагах, че е възможно да се възстанови за минути или часове. Отново му правят кардиограма, вече в болницата... – всичко е наред. Кардиограмата показва абсолютно здраво сърце, равномерен пулс, пълноценно работещо – като на дете.

Искаха да ни отпратят вкъщи, но аз настоях да останем и първоначално ни настаниха в отделение за сърдечно болни, а после в общо. Решиха, че случаят е стандартен, нищо спешно.

Лекарите се отнесоха към това обичайно: за тях той не беше велик кабалист, последният в своето поколение. За тях беше 85 годишен старец, роден 1906 година, вече доста поживял...

/„БЕ ТОХ АМИ АНОХИ ЙОШЕВЕТ" – „В НАРОДА СВОЙ СЕ НАМИРАМ АЗ"[68] /

Стоях при него два дни. Измих го, смених пижамата, завих го с одеяло, през цялото време бях неотлъчно.

В общата зала имаше 6-8 човека, старци, като него. Единият от тях неспирно стенеше и реших да настоявам да върнат РАБАШ в отделна стая. А Ребе ми казва: „Няма нужда , Михаел, бе тох ами анохи йошевет... Ти си иди спокойно, ще поспя малко, усещам, че ще заспя, тръгвай. Ела утре сутринта по-рано, искам да успея да си сложа тфилина". После ме хвана за ръка и каза: „Ето ти „Шамати", - и ми дава своята синя тетрадка, с която никога не се разделяше, просто я слага в ръката ми, - вземи я и се занимавай по нея... А сега върви".

И аз си тръгнах.

Погледнах преди да изляза от стаята, той вдигна ръка, прощавайки се.

---

68 "В народа свой се намирам аз" - в тези, които се обединяват в едно цяло, за да разкрият там единство с Твореца – светлина, любов, отдаване.

Така тръгнах и си мислех: „Защо ми даде тетрадката си?! Защо точно сега ми я даде. Какво иска да ми каже?!" Но отново и отново разбирам, че нищо не съм можел да направя, че всичко е в ръцете на Висшия и каквото и да се случва, прави го Той, а ние пред Него сме нищо, нищо!

/ТАКА ТОЙ СИ ТРЪГНА/

На следващия ден, поради някаква причина, се забавих на урока. След това се прибрах вкъщи, взех овесената каша, която Оля приготви за него, беше я поискал с мляко, без захар... Докато се прибера, докато пристигна при него, вече беше станало седем и половина. Много ясно си спомням как погледнах часовника, сякаш и сега виждам стрелките, като застинали.

Той лежеше обърнат към прозореца, свит, като дете. Всичко ми стана ясно, изтичах да чуя дишането му... Задъхваше се, а никой не му обръщаше внимание! Никой не вдигна тревога, не извика лекар!.. Наоколо лежаха старци, те и не чуваха, че Ребе се задъхва, той лежеше тихо, без да стене. Повиках го: „Ребе! Ребе!..." Не ми отвърна. Втурнах се за доктора.

Той го погледна и всичко разбра. Донесоха дефибрилатор. Опитваха да пуснат сърцето. Лекарите работиха над него може би час или два. Исках да остана в стаята, но не ми позволиха. Стоях в коридора, през прозореца виждах залата. Гледах как работят. Наистина се стараеха, колкото могат. Не се отделиха от него, поставяха венозно инжекции... А аз стоях и усещах, че пред очите ми умира най-близкият ми човек на света, никой не ми беше по-близък. И няма да бъде.

Не усещах паника. Той все пак ме беше подготвил за отпътуването си...

Така и умря, без да дойде на себе си.

Лекарят, як мъж, излезе целия в пот и ми каза: „Отиде си". Кимнах. Следващите си действия помня смътно.

Позвъних на Олга, после на Фейга, на Милер... Те пристигнаха бързо, дойдоха и синовете на РАБАШ. Много от нашите се събраха, целият коридор беше пълен с ученици и роднини. Пушех цигара след цигара.

Откараха РАБАШ в моргата. Доктора ми даде часовника му. Всичко свърши.

/ТРЪГНА СИ И ОСТАНА/

Какво се случи по-нататък...

Погребението беше на същия ден, петък. В религиозния вестник „Амодиа" публикуваха съобщение:

„15 септември 1991 г „В края на празника Рош а-Шана (Рабаш) се почувствал зле и спешно бил откаран в болница „Бейлинсон". Привържениците и почитателите му се молиха за неговото оздравяване, но въпреки всичко, в петък, 7 сутринта той върна душата си на Създателя. До леглото му били синовете рав Шмуел и рав Йехезкел, и неговият довереник Михаел Лайтман".

Погребаха РАБАШ до Баал Сулам[69].

Дойдоха всички, на които успяхме да съобщим. Стоях настрана. Не се приближих към могилата. Там се разпореждаха роднините. После направиха шива. Хората идваха и си тръгваха, имаше много сълзи, думи... Точно тогава вдигнах кръвно, треперех, главата ми се въртеше, не ми се беше случвало досега. Измерихме го – 180/110. Вътрешното напрежение, меко казано, беше огромно.

Но си спомням много ясно, че въпреки всичко, нямаше страх, нямаше паника. Тоест ра-

[69] "Когато Ребе почина, не знаехме къде да го погребем. За разлика от много други хора, той не си беше купил място на гробището. В същото време местата около Баал Сулам се продаваха по 5000 долара и повече. Имаше хора, които отдавна си ги бяха закупили. А Ребе изобщо не мислеше за това. Защото не беше свързано с Целта и следователно не съществуваше за него." (От блога на Рав Михаел Лайтман)

ботеха двете части на мозъка. В едната, разбира се, беше усещането, че той си е отишъл физически. В другата имаше пълното разбиране, че започва нов период.

И всичко това без да се отчита, че цели 12 години бях неразривно свързан с РАБАШ. От сутрин до вечер бях с него, ако не физически, то в мислите: „Трябва да купя сирене за Ребе, сиренето му е свършило; трябва да го заведа на лекар, че е започнал да спи лошо; Оля му е приготвила храна, непременно трябва да я занеса до обяд... А, а затова трябва да поговоря с него, само да не забравя..." Той стана моето второ аз. Не си представях живота си без РАБАШ.

/И ИЗВЕДНЪЖ ГО НЯМА!../

Първоначално скачах облян в пот, гледах часовника – успал съм се!.. Вече е десет и половина, а трябваше в девет да съм при него!.. И внезапно разбираш, че заникъде не си закъснял, че няма къде да ходиш.

Лягаш, затваряш очи, а той стои пред теб, като жив...

Да, първоначално не беше лесно... А колко тежко усещах да съм в колата сам, толкова много бяхме пътували заедно... И да не чувам: „Михаел, не карай бързо, казах ти!", той не обичаше, когато вдигах над 90; „Михаел, трябва да избършеш стъклото", обичаше стъклата да са винаги идеално чисти; „Михаел, хайде днес да отидем до Мерон..." И ние потеглахме към Мерон на могилата на РАШБИ... А сега, с кого да одита?!

Но все пак с времето всичко някак улегна. Само защото работеше и втората част на мозъка – главната част. Там, където абсолютно го чувствах. Тоест от мен си тръгна Учителят, бащата, приятелят... Но и не си тръгна! Колкото повече време минаваше, го усещах все по-близо и по-близо. Той нямаше и минута, в която да е правил нещо за себе си. Всичко беше построено само в една посока – от себе си към другите.

И ме зарази с това движение.

Чувствах, как той ме подтиква напред и нямам друг изход, освен да вървя, също като него, без да се отклонявам, без да се поддавам на нищо, да вървя точно като него и да направя всичко възможно, за да предам на света онова, което искаше той. Това, което вложи в мен. Усещах в себе си тази отговорност. Чувствах я тогава, чувствам я и сега.

Всичко, което се случи с мен в последствие, всичко това беше той – РАБАШ.

М. ЛАЙТМАН

ВИНАГИ С МЕН

/ЗА МОЯ
УЧИТЕЛ
РАБАШ/

ISBN 978-1-77228-197-2
DANACODE 760-141

Книгата използва снимки от архивите на Международна академия по Кабала.

Технически директор: М. Бруштейн.
Литературна редакция: С. Винокур.
Редактори: Е. Сотникова, М. Розенщайн.
Технически редактор: Н. Серикова.
Коректор: П. Календарев.
Художествено оформление: А. Мохин.
Оформление: Г. Заави.
Графика: П. Рони, А. Мухин.
Главен редактор: С. Добродуб.

БЪЛГАРСКО ИЗДАНИЕ:
Превод: Велика Христова
Редактор: Теодора Крушева
Оформление: Евелина Каврькова

www.ingramcontent.com/pod-product-compliance
Lightning Source LLC
Chambersburg PA
CBHW072001070526
44583CB00015B/1280